MARCO POLO

LETTLAND

RIGA

Reisen mit **Insider Tipps**

Lettland hat alles, um sich dort wohl zu fühlen: Wunderschöne, vielfältige Landschaften – viele wie unberührt, das ganze Land ein großes Freilichtmuseum des Auf und Ab der Ostseegeschichte. Und natürlich Rīga: eine schöne, moderne und vor Dynamik geradezu zitternde Stadt.

MARCO POLO Autor
Thoralf Plath
(siehe S. 127)

Spezielle News, Lesermeinungen und Angebote zu Lettland:
www.marcopolo.de/lettland

LETTLAND

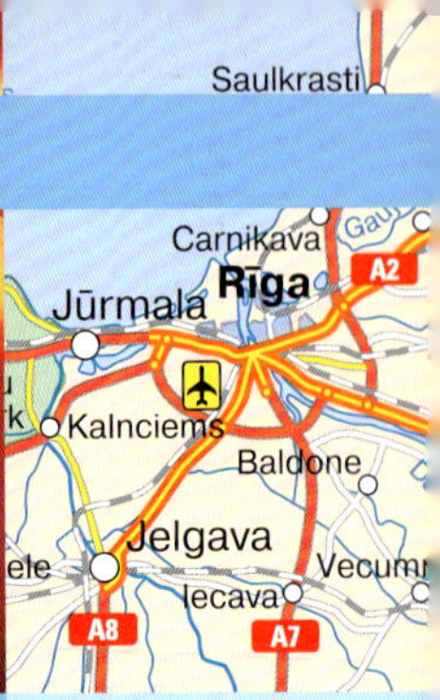

> SYMBOLE

Insider Tipp **MARCO POLO INSIDER-TIPPS**
Von unserem Autor für Sie entdeckt

★ **MARCO POLO HIGHLIGHTS**
Alles, was Sie in Lettland kennen sollten

SCHÖNE AUSSICHT

▶▶ **HIER TRIFFT SICH DIE SZENE**

> PREISKATEGORIEN

HOTELS

€€€	über 80 Euro
€€	50–80 Euro
€	unter 50 Euro

Die Preise gelten für zwei Personen im Doppelzimmer pro Nacht mit Frühstück

RESTAURANTS

€€€	über 15 Euro
€€	8–15 Euro
€	unter 8 Euro

Die Preise gelten für ein Menü mit Vor-, Haupt- und Nachspeise ohne Getränke

> KARTEN

[116 A1]	Seitenzahlen und Koordinaten für de Reiseatlas Lettland
[U A1]	Koordinaten für die Karte von Rīga im hinteren Umschl
[0]	außerhalb des Kartenausschnitts

Zu Ihrer Orientierung sind auch die Orte mit Koordinat versehen, die nicht im Reis atlas eingetragen sind

INHALT

> SZENE

S. 12–15: Trends, Entdeckungen, Hotspots! Was wann wo in Rīga los ist, verrät der MARCO POLO Szeneautor vor Ort

> 24 STUNDEN

S. 94/95: Action pur und einmalige Erlebnisse in 24 Stunden! MARCO POLO hat für Sie einen außergewöhnlichen Tag in Rīga zusammengestellt

> LOW BUDGET

Viel erleben für wenig Geld! Wo Sie zu kleinen Preisen etwas Besonderes genießen und tolle Schnäppchen machen können:

Schnell satt für kleines Geld S. 38 | Unschlagbar günstig: eine Nacht im Knast S. 52 | Ab 10 Euro am See residieren S. 67 | Umsonst den Weißstorch ausspähen S. 73 | Floßfahrt zum Spartarif S. 86

> GUT ZU WISSEN

Pirts S. 19 | Die letzten Liven S. 21 | Lettische Spezialitäten S. 26 | Bücher & Filme S. 43 | Great Courland Bay S. 54 | Blogs & Podcasts S. 57 | Ton, Töpfe und Talente S. 64 | Rose von Turaida S. 77 | Lettlands Schicksalsstrom S. 82

AUF DEM TITEL
Floßtour auf der Daugava S. 86
Kunstprojekte in Liepāja S. 12

ENTDECKEN SIE LETTLAND!

Unsere Top 15 führen Sie an die traumhaftesten Orte und zu den spannendsten Sehenswürdigkeiten

Die Highlights sind in der Karte auf dem hinteren Umschlag eingetragen

1 Freiheitsdenkmal
Das nationale Monument in Rīga steht auch für Lettlands Kampf um seine Unabhängigkeit. Auf dem Sockel liegen immer frische Blumen (Seite 33)

2 Neustadt
Entdecken Sie eine Sinfonie in Stein – Rīgas berühmtes Jugendstilviertel (Seite 35)

3 Schwarzhäupterhaus
Das edle Wahrzeichen des Rathausplatzes von Rīga ist eine perfekte Kopie des historischen Originals (Seite 36)

4 Ethnografisches Freilichtmuseum
Lettland en miniature am Jugla-See außerhalb der Hauptstadt – vom Ziehbrunnen bis zur Fischerkate (Seite 41)

5 Jūrmala
Der Charme alter Bäderarchitektur, die weite Ostsee und ganz viel weißer Sand: Wofür andere in Auto oder Flugzeug steigen müssen, brauchen Rīgas Bürger nur vor ihre Haustür zu treten (Seite 42)

6 Historischer Stadtkern
Einzigartig: Ein derart vollständiges Ensemble historischer altlettischer Holzhäuser wie im Städtchen Kuldīga finden Sie im ganzen Land nicht noch einmal (Seite 48)

7 Dreifaltigkeitskirche
Wo alle 131 Register gezogen werden: Die Orgel in der Kirche zu Liepāja zählt zu den Top Five der Weltrangliste (Seite 51)

> DIE BESTEN MARCO POLO HIGHLIGHTS

8 Ordensburg
Auf der Küstenbastion der Ordensritter in Ventspils sind Gäste heute sehr willkommen (Seite 57)

9 Slītere-Nationalpark
Wo Ostsee und Rīgaer Bucht zusammenstoßen, wuchs in der Isolation des sowjetischen Grenzsperrgebietes ein einzigartiger Küstenurwald (Seite 59)

10 Basilika von Aglona
Die strahlend weiße Kirche ist ein großes Heiligtum des katholischen Osteuropa (Seite 64)

11 Daugava-Schleifen
Neunmal ändert der große Strom des Baltikums bei Krāslava seine Richtung (Seite 64)

12 Gauja-Nationalpark
Lettlands schönstes Urstromtal birgt bizarre Höhlen und steile Felsen (Seite 74)

13 Sigulda
Bischof, Orden, Domkapitel – drei Mächte, drei Burgen. Die Stadt hat alle überlebt (Seite 74)

14 Schloss Jelgava
Der Prachtbau von Herzog Biron dient heute der hohen Schule der Agrarwissenschaft (Seite 85)

15 Rundāle
Und noch ein Bironbau: Im kleinen Versailles des Nordens, des Herzogs Sommerresidenz, rauscht goldrosa Barock durch prunkvolle Säle (Seite 87)

Küste bei Kolka

AUFTAKT

Landschaften wie unberührt und von melancholischer Weite, 500 Kilometer Küste, gesäumt von endlosen Stränden, Herrenhäuser und pittoresk verwitterte Burgruinen, die von bewegter Geschichte zeugen: Lettland, die mittlere der drei baltischen Republiken, steckt voller Kontraste. Mancherorts scheint die Zeit stillzustehen. Und dann diese Hauptstadt: Rīga, die elegante, extravagante, pulsierende Ostseemetropole, die wuchtige Backsteingotik mit der Pracht des Jugendstils vereint, der sich in Europas üppigsten Gründerzeitvierteln zu einer Operette aus Stein entfaltet. Geradezu spielend zieht „Miss Baltica" jeden Besucher in ihren Bann.

> Wälder, so weit das Auge reicht. Storchennester auf Telegrafenmasten, einsame Ostseestrände und Sommernächte, in denen das hohe Licht des Nordens in östlicher Melancholie zerfließt. Ist vom Baltikum die Rede, klingt es meist nach Weite und Stille, nach Bernstein, Blaubeeren und Burgruinen. Auch Lettland kann damit aufwarten. Doch wer würde hier eine der modernsten Rennrodelbahnen Europas vermuten, Schlösser so schön wie Zarenpaläste und eine Hauptstadt, die sich in ihrer pulsierenden Vitalität an Berlin und in der Pracht ihrer Jugendstilfassaden an Wien und Brüssel messen kann?

Schönes, nahes, fernes Lettland. Als freie Republik zurückgekehrt nach Europa, wo die baltischen Staaten nach vier Jahrzehnten hinterm Eisernen Vorhang fast vergessen waren. Mancher im Westen erinnerte sich erst an die drei kleinen Nationen, als 2002 eine junge Lettin namens Marija Naumova den European Song Contest gewann.

Das Singen liegt den Letten im Blut. Mit den Dainas, ihren jahrhundertealten Volksliedern, auf den Lippen stellten sie sich 1991 Moskaus Panzern entgegen, ersangen sich die Freiheit. Im Folklorearchiv in Rīga wurden 2,5 Mio. Dainas gesammelt, statistisch kommt auf jeden Einwohner ein Lied. Wo gibt es das noch einmal in Europa?

Die mittlere der baltischen Republiken, mit 64 500 km^2 nicht ganz so groß wie Bayern, birgt eine Schatztruhe unberührter Naturlandschaften. Fast die Hälfte Lettlands ist bewaldet, Heimat für Elche, Luchse, Schelladler und über tausend Schwarzstorchenpaare. Ganz im Osten des Landes liegt die Seenplatte, eine stille Wasserlandschaft, in die

> Rīga hat weltweit die meisten Friseure

Sanft, ruhig, lieblich: Lettlands Provinz ist mindestens so anziehend wie seine Hauptstadt

sich kaum ein Fremder verirrt. Auch die lettische Küste, ein 494 km langer, von Steilküsten, Dünen und Salzwiesen gesäumter Badestrand, gleicht auf weiten Strecken einem unentdeckten Paradies.

Der Kontrast zwischen dem sanften Land und seiner Hauptstadt könnte größer kaum sein. Rīga platzt vor Energie, hier schlägt das Herz Lettlands, und mit 890000 Einwohnern ist die Metropole an der Daugava (Düna) auch urbanes Zentrum der drei Ostseerepubliken. „Miss Baltikum" hat sich herausgeputzt. In Vecrīga, der Altstadt, künden restaurierte Kaufmannshäuser vom Wohlstand ihrer Bauherren. Spielend vereint die alte Hansestadt wuchtige Backsteingotik mit der schwelgerischen Pracht von über 800 Jugendstilbauten links und rechts der Albertstraße.

Im Sommer durchweht Rīga fast südländisches Flair. In den Straßencafés rings um Dom-, Rathaus- und Livenplatz genießt ein buntes Kaffeehausvölkchen den Tag, während elegante Rīgaerinnen auf hohen Absätzen sicher durch die Kopfsteingassen flanieren. Gut auszusehen gehört für Rīgas Frauen zum Lebensstil. Rīga rühmt sich, gemessen an der Einwohnerzahl, weltweit die Stadt mit den meisten Friseuren zu sein.

Die Provinzstädte Lettlands wirken dagegen geradezu bescheiden. Das Leben fließt gemächlicher fern der Hauptstadt, die Menschen sind zurückhaltender, bodenständiger. Daugavpils, Liepāja und Ventspils überraschen mit originellen Museen und restaurierten Altstädten. Doch nicht alle Wunden der Sowjetzeit sind vernarbt. Vielerorts verschandeln Plattenblocks das Stadtbild; Lettlands kriegszerstörte Handelsstädte waren den Betonstrategen schutzlos ausgeliefert.

> *Die alten Wunden sind noch nicht vernarbt*

Tiefere Verletzungen trägt die Nation unter der Haut. Die meisten Letten empfanden die Sowjets als Okkupanten. Kaum in Freiheit, schlug das Pendel zurück. Nun bekamen die im Land verbliebenen Russen Ungerechtigkeit und Diskriminierungen zu spüren. Im Reinen miteinander sind Russen und Letten noch lange nicht. Wen wundert's? Lettlands Geschichte ist eine Geschichte fremder Herren. Der Mönch Meinhard von Segeberg kam 1186 noch in friedlicher Absicht, und die an der Daugava

WAS WAR WANN?

Geschichtstabelle

4000 v. Chr. Indoeuropäische Stämme siedeln sich an

Um 600 Wikinger dringen auf ihren Raubzügen ins Baltikum ein

1201 Domherr Albert von Buxhoeveden gründet Rīga. Die blutige Christianisierung der baltischen Stämme beginnt

1253 Rīga wird Erzbistum der livländischen Ordensprovinz

1523 Die Reformation erreicht Livland

1621–29 Schweden erobert Teile Livlands

1700–21 Zar Peter der Große verleibt Livland dem Russischen Reich ein

1873 Erstes Liederfest. Aus der Studentenschaft „Lettonia" wächst die Nationalbewegung

1918 Ein Volksrat ruft in Rīga die Republik Lettland aus

1939 Hitler-Stalin-Pakt: Die baltischen Staaten fallen an die Sowjetunion

1941 Die deutsche Wehrmacht besetzt das Baltikum

1944/45 Das von der Roten Armee zurückeroberte Lettland wird Sowjetrepublik. Stalin lässt 40 000 lettische Intellektuelle nach Sibirien verschleppen

1982 Aus den Protesten gegen ein Wasserkraftwerk erwachsen erste antisowjetische Demonstrationen

1989 Hunderttausende Balten fordern mit einer Menschenkette von Tallinn über Rīga nach Vilnius ihre nationale Unabhängigkeit

1991 Putschversuch moskautreuer Kräfte in Rīga. Im August erklärt Lettland seine Unabhängigkeit

2004 Lettland wird EU-Mitglied

lebenden heidnischen Liven ließen sich von ihm wohl freiwillig taufen. Als bald darauf der Bremer Domherr Albert mit 23 Schiffen voller kampflustiger Ordensritter anlandete, war es mit dem sanften Missionieren vorbei. Der Schwertbrüderorden zwang die baltischen Stämme unter das Kreuz, und im Gefolge kamen deutsche Kaufleute nach Livland, deren Nachfahren dort für Jahrhunderte die Oberschicht stellten. Bald weckte die günstige strategische Lage des Landes an der Ostsee auch Gelüste anderer Herrscher. Polen zwang Kurland unter seine Krone, Schweden eroberte Rīga, schließlich rissen sich die russischen Zaren gleich das ganze Land unter den Nagel. Die Letten blieben Knechte. Erst 1918 konnten sie erstmals ihre eigene Republik ausrufen. Das alles scheint nun in weiter Ferne. Zurück blieben steinerne Zeugen: Ordensburgen, Gutshäuser, Schlösser. Viele der Herrensitze gehörten einst deutschbaltischen Baronen, der prächtigste dem Günstling einer Zarin: Schloss Rundāle, Lettlands barockes „Klein Versailles".

Abseits der asphaltierten Straßen spinnt das Leben bis heute einen leisen Faden. Pferdewagen sind das Transportmittel auf den Sandwegen zwischen winzigen Dörfern, auf den Feldern wird wie eh und je von Hand geerntet. Die Menschen im baltischen Hinterland haben es schwer im neuen EU-Europa. Darum bieten immer mehr Bauernhöfe auch Ferienquartiere an. Westlichen Hotelluxus haben sie nicht im Programm, dafür herzliche baltische Gastfreundschaft,

Natur satt, manche sogar Reitpferde und immer frisches Gemüse aus dem

> In der Johannisnacht schläft niemand

Garten. Lettland ist ein Paradies für Radwanderer, Naturfreaks und die

Wer ist die Schönste? Rīga macht Paris, Wien und Co. echte Konkurrenz

gemächliche Art des Entdeckens. Sie können abenteuerliche Floßfahrten buchen, mit dem Kanu endlose Wasserläufe erkunden, mitten im Sommer rodeln oder in einer historischen Schmalspurbahn durch die Provinz zuckeln. Und wen lockte nicht die Küste mit einem Strand wie Goldstaub? Zwanzig Minuten von Rīga liegt Jūrmala, der Villenbadeort der „lettischen Riviera". Wem abends der Sinn nach Unterhaltung steht, der ist in der Hauptstadt bestens aufgehoben: Rīgas Nachtleben stellt das mancher westlicher Metropole in den Schatten.

Einmal im Jahr wird im ganzen Land die Nacht zum Tag. Am 23. Juni feiern die Letten Mittsommernacht, und sie feiern es so ausgelassen wie wohl nirgends sonst rings um die Ostsee. In der Johannisnacht darf niemand schlafen. Überall lodern die Feuer, und der Sonnenaufgang danach zählt wohl zum Schönsten, was einem Gast in Lettland passieren kann. Er wird wiederkommen. Wen dieses Land einmal aufnahm, den hält es für immer umfangen.

TREND GUIDE LETTLAND

Die heißesten Entdeckungen und Hotspots! Unser Szene-Scout zeigt Ihnen, was angesagt ist

Iveta Stirna
ist Kulturmanagerin und Unternehmerin. Die Wahl-Rīgaerin liebt Kunst, Kultur und die grandiose Landschaft Lettlands, sie ist deshalb regelmäßig in allen Landesteilen unterwegs. Eine weitere Leidenschaft der Jungunternehmerin: die Sommernächte, die in Lettland nicht nur lau, sondern auch lang sind. Iveta verbringt sie am liebsten auf Konzerten oder beim Strandpicknick. Lettische Lebensart *de luxe*!

DORADO FÜR FREIGEISTER

Kreativ und kultig

Die alten Viertel der Städte erwachen zu neuem Leben; was früher Randbezirke waren, sind heute die Hotspots der Kreativen. *Andrejsala* ist Rīgas In-Viertel für Künstler. Zwischen Containern und dem Fluss Daugava treffen Krawattenträger auf Typen in zerschlissenen Jeans, gemeinsam lauschen sie Musikevents, schauen experimentelle Theaterstücke an oder bestaunen alternative Kunst in alten Lagerhallen. Einen Überblick über Veranstaltungen und Ausstellungen gibt's unter *www.andrejsala.lv* (Foto). Auch die Hafenstadt Liepāja wird immer mehr zum Place to be. Besonders der Stadtteil *Karosta*, früher militärisches Sperrgebiet, hat sich zu einer Künstlerhochburg entwickelt mit abgefahrenen Kunstprojekten wie einer Art-Massage, hippen Galerien, Fotostudios und einem Künstlerhotel in den alten Militärbaracken *(www.karosta.lv)*.

SZENE

PARTYTEMPEL

Feiern ohne Ende

Die Großraumdiskos sind die neuen Hotspots der feierfreudigen Rīgaer Partypeople. Hier wird, meistens zu Elektropop, bis in die frühen Morgenstunden getanzt. Für Fans ultrahipper Tanztempel ist das *Essential* ein Muss: House und R'n'B auf drei Ebenen, Regenbogen-Lasershows und internationale DJs *(Skolas iela 2, www.essential.lv)*. Très chic und etwas trashig ist der *Fashion Club* mit burgunderrotem Samtinterieur und einer Bar mit Laufstegfunktion *(Tērbatas iela 2)*. Hip ist auch das *16. Korpuss*, denn hier wird in einer Halle der alten Sowjetfabrik *VEF* gefeiert. Feng Shui-Elemente mischen sich mit funktionalem Industrielook, das Highlight im VIP-Room ist eine imposante Wasserwand. Dazu gibt's Livemusik und leckere Cocktails *(Brīvības gatve 214m, www.16korpuss.lv)*.

CINEASTISCHE PERLEN

Filmkultur in neuem Glanz

Der einheimische Film erlebt ein Revival. Festivals, Indie-Kinos und eine Filmstadt: Lettland hat aufgeholt in Sachen Movie-Events. Zwei cineastische Highlights sind das *Lielais Kristaps* (Foto), ein nationales Festival, auf dem Filme aus verschiedenen Genres gezeigt und bewertet werden *(www.nfc.lv)*, und das *International Animated Film Festival Bimini*, das ausschließlich animierte Filme zeigt *(www.bimini.lv)*. Einige der besten filmischen Werke werden regelmäßig in den szenigen Independent-Kinos wie dem *A.Suns* in Rīga gespielt *(Elizabetes iela 83/85)* oder dem *Rīga*, das auch durch die handgemalten Kinoplakate ins Auge sticht *(Elizabetes iela 61)*. Alles rund um Filmtechnik, Deko und Kostüme gibt's im *Filmmuseum (Peitavas iela 10/12, www.latfilma.lv/muzejs)*. Und wer echte Kulissen erleben möchte, besucht die *Cinevilla Backlot*. Hier wird man ins Rīga zur Zeit des Ersten Weltkrieges versetzt. Die Kinostadt wurde extra für den Film *Die Wächter von Riga* gebaut *(www.cinevilla.lv)*.

MODERN FOLK

Pop meets Daina

Die Letten kreieren ihren eigenen Sound aus einem Mix aus Volksliedern, den *Dainas*, Pop- und Elektro-Beats. Mit den experimentellen Klängen erhalten auch die traditionellen Texte einen ganz neuen Stil. Zu den In-Bands gehören *Autobuss Debesīs*. Die Combo mischt klassische Instrumente mit Synthiesound und Rockgitarren *(www.autobussdebesis.lv)*. Mainstream-Pop mit Backpipes und Frauenchören gibt's von *re:public (www.republic.lv)*. Im Rīgaer *Četri balti krekli* kann man zu den Beats abgehen: Wenn der *Daina*-Mix läuft, flippt die Menge aus *(Vecpilsētas iela 12, www.krekli.lv)*!

MINIMAL SHOPPING

Kleine Läden boomen

Rīgas Bohemians kaufen Schmuck und Gebrauchsgegenstände seit Neuestem in kleinen, quirligen Läden statt in großen Malls. Total angesagt sind die Shops rund um die *Krišjāņa Barona iela*. In der *Galerijā Istaba* z. B. werden ausgefallener Schmuck, Kunst und verzierte Alltagsgegenstände angeboten. *(Kr. Barona iela 31 a, Tel. 67 28 11 41)*. Schön zum Shoppen und zum Gucken ist die Café-Galerie *Garage*. Hier gibt's Handgewebtes und Accessoires von Plaids bis zu Regenschirmen *(Berga Bazārs, Elizabetes iela 83/85, Tel. 67 28 83 08)*. Außerhalb Rīgas bietet die Boutique *Grieži* in Cēsis alles von Keramik, Schmuck, Bernstein bis zu Leinen *(Rīgas iela 17 a)*.

CAFÉ-KULTUR

Let's have a cup of coffee

Rīgas Kaffeehauskultur wird zum chilligen Freizeit-Favourite! Früher servierten schlichte *Kafejnicas* schwarzen Kaffee, heute gibt es viele Variationen in unterschiedlichsten Locations. Im *Gauja* am Caffè Latte nippen, den Sowjet-Retro-Style wirken lassen und alte Schallplatten hören *(Terbatas iela 56)*. Auch der Tee erlebt ein Revival. Im *Goija* nimmt man Grenadine-Tee auf Kissen zu sich *(Strelnieku iela 1a)*, im *ApsarA* ist Schwarztee mit Vanilleeis der Hit *(Skarnu iela 11)*. In Cēsis trifft man sich zum Kaffeeklatsch im *Sarunas (Rīgas iela 4, www.bars-sarunas.lv)* vor dunklem Holz und auf rotem Leder. Abends legen lettische DJs auf.

MODEVERRÜCKT

Design à la Latvia

Die jungen Designer stehen vor dem internationalen Duchbruch und zeigen ihre Kreationen bereits auf den Catwalks von Tokio und Düsseldorf, wie etwa Anna Led. Die Newcomerin achtet bei ihren Kollektionen vor allem auf die Qualität der Stoffe und verwendet nur natürliche Materialien wie Wolle, Leinen und Seide. Daraus entstehen fließende Kleider und Tuniken *(www.annaled.com)*. Bei Natālija Jansone gibt es traditionelle Farben und Muster im Mix mit stylishen Schnitten. So entstehen z. B. bunte Mäntel in neuem Design oder kurze Bolerojäckchen aus festem Filz *(NJ Studija Shop, Jana iela 3, Rīga, www.natalijajansone.lv)*. Wer die passenden Accessoires dazu sucht, wird in der *Galerie Putti* fündig. Hier gibt's ausgeflippte Mode und exzentrischen Schmuck lettischer und estnischer Designer wie Māris Auniņš, Valdis Brože oder Ieva Dekstere *(Grēcinieku iela 22/24, www.putti.lv,* Foto*)*.

MOTTO-WOHNEN

Neues Leben in alten Mauern

Der letzte Schrei: Alte Herrenhäuser, Fabrikhallen und Holzbaracken werden als Hotels genutzt und nach bestimmten Mottos aufgepeppt. Allen voran das *Kukšu Muiža*: originalgetreu restauriert, mit Wandmalereien, Jagdraum und Zigarrenzimmer. Dabei ist jedes Zimmer anders eingerichtet; vom kuscheligen Romantic Room bis zum einfachen Poets Room ist für jeden das Passende dabei. Als Highlight wurde unter den historischen Kellergewölben sogar eine Sauna eingebaut. Hier gilt die Devise: Erholung pur und nur vom Feinsten *(Bajāri, Kukšas, Jaunsātu parish, Tukums district, http://kuksumuiza.lv,* Foto*)*. Das Motto „Abstrakte Kunst" durften im *Singalong* direkt am Ufer der Daugava in Rīga junge Künstler umsetzen. Jedes Zimmer des alten Schiffsreparaturwerks wurde anders gestaltet – vom Sowjet-Style bis zum Marokko-Look ist alles dabei. Super freaky! *(Andrejsala, Andrejostas iela 4, www.singalong.lv)*

> LIEDERSCHATZ UND SCHWARZE STÖRCHE

Das neue Lettland sucht nach der Balance zwischen Marktwirtschaft, alten Traditionen und den Erblasten seiner bewegten Geschichte

BALLETTLAND LETTLAND

Ein Rīgaer hat mit seiner Präzision, Leichtigkeit und Eleganz eine ganze Generation von Tänzern geprägt: Michail Baryschnikow, 1948 in der lettischen Hauptstadt geboren und einer der berühmtesten Balletttänzer der Welt. Mitte der 1970er-Jahre ging er in die USA, um am New York City Ballet zu tanzen. Eine Rückkehr in seine Heimat war fortan tabu, erst nach der Unabhängigkeit Lettlands 1991 konnte „Mischa" Baryschnikow als umjubelter Star zurückkehren nach Rīga. Lettland ist Ballettland. Die Aufführungen lettischer Choreografen waren in der gesamten Sowjetunion berühmt. Inzwischen lockt das jährliche Baltische Ballettfestival in Rīga auch viele Besucher aus Westeuropa an.

Bild: Sängerinnen am Strand von Jūrkalne an der Küste Kurzemes

STICH WORTE

DEUTSCHBALTEN

„Auf Nimmerwiedersehen" soll der damalige lettische Präsident Karlis Ulmanis den 52000 Deutschbalten nachgerufen haben, als sie 1939 auf Hitlers Befehl „heim ins Reich" geholt wurden. 60 Jahre später lud sein Großneffe Guntis Ulmanis, nun Präsident der wieder unabhängigen Republik, sie ausdrücklich ein, die Heimat ihrer Väter nicht zu vergessen. Seit Lettland wieder frei ist, hat sich das Verhältnis zu den einstigen Herren entspannt.

Die Bezeichnung Deutschbalten bildete sich im 19. Jh. für die seit dem Mittelalter herrschende Oberschicht aus Adligen, Kaufleuten, Geistlichen, Gelehrten und Handwerkern. Lettlands Großgrundbesitz gehörte fast ausschließlich Deutschen. Das alles ist Geschichte. Heute reisen Jahr für Jahr wieder Tausende

Deutschbalten in die alte Heimat. Viele bringen sich im 1992 gemeinsam mit Letten gegründeten Verein „Domus Rīgensis“ auch in den kulturellen Dialog ein. Denn die Deutschen stehen in der lettischen Geschichte nicht nur für Fremdherrschaft, sondern auch für die Einbindung in den europäischen Kulturkreis. Johann Gottfried Herder predigte im Rīgaer Dom und Gelehrte wie der Nobelpreisträger Karl-Ernst von Baer prägten das akademische Leben im gesamten Ostseeraum.

Auch die Weißstörche lieben Lettland

FLORA UND FAUNA

Mit rund 15000 Pflanzen- und 13000 Tierarten zählt die Flora und Fauna des Landes zu den reichsten Europas. Dichte Wälder und ausgedehnte Moore bieten Lebensraum für Elche, Luchse und viele Wolfsrudel. Ornithologen haben an die 350 Vogelarten nachgewiesen, darunter Seltenheiten wie Regenbrachvogel, Birkhuhn, Baumfalken und Schlangenadler. Fast tausend Paare der extrem scheuen Schwarzstörche nisten in Lettland.

Die Seenplatte beherbergt die größte Fischotterpopulation Europas. Am Papes-See, einem Nadelöhr der eurasischen Zugvogelroute, ziehen im Herbst Millionen Vögel und – ein einzigartiges Phänomen – Zehntausende Fledermäuse durch. Einige ausgestorbene Tierarten wurden erfolgreich wieder angesiedelt, so Biber, Wisente und Wildpferde.

JUGENDSTIL

Feenhafte Frauengestalten flechten Girlanden um Fenstergesimse, Medusenhäupter und Dämonen blicken von Erkern zur Straße herab, wo Sphinxe die Haustür bewachen: Viele Fassaden nordöstlich der Altstadt Rīgas schäumen über vor Lebenslust und operettenhafter Phantasie. Lettlands Hauptstadt zählt zu den Hochburgen des europäischen Jugendstils, der hier Anfang des 20. Jhs. so heftig aufblühte, dass ein Drittel aller Häuser im Stadtzentrum davon geprägt wurden. Der Wirtschaftsaufschwung hatte einen Bauboom in Gang gesetzt, der Lettlands junger Architektenzunft Flügel verlieh. Sie entwickelten den *art nouveau* für sich weiter, mischten typische lineare Ornamentik mit barocken und antiken Motiven. Berühmtester Vertreter dieser Schule war Michail Eisenstein, der in Rīga 20 Häuser schuf und dem lettischen Jugendstil damit Denkmäler atemberaubender Schönheit setzte. Die schönsten Häuser sehen Sie in der *Elisabetes*, der *Alberta* und der *Strēlnieku*.

LUTHER, PAPST, ZWIEBELTURM

Lettland steht in langer protestantischer Tradition, schon 1523 erreichte die Reformation Rīga und setzte sich schnell durch. Nach der religionsfeindlichen Sowjetära bekennt sich das Land wieder offen zu seinen lutherischen Wurzeln, es gibt etwa 300 Kirchengemeinden. Doch die Zeiten der großen Volkskirche sind auch in Lettland vorbei, die Gottesdienste schlecht besucht – von der alten Provinz Latgale im entlegenen Südosten des Landes abgesehen. Latgale lag lange unter der Herrschaft Polens und blieb bis heute römisch-katholisch geprägt. Die Russen brachten ihre Ikonen und Zwiebelturmkirchen mit ins Baltikum, die orthodoxe Kirche ist heute die drittgrößte Religionsgemeinschaft in Lettland.

MINDERHEITEN

Nur knapp 60 Prozent der etwa 2,32 Mio. Einwohner Lettlands sind Letten. Die Russen stellen mit einem Drittel die größte ethnische Minderheit – ein demografisches Erbe der Sowjetunion, das die Gesellschaft noch längst nicht verkraftet hat. Außerdem leben in Lettland Weißrussen, Ukrainer, Litauer und Polen, insgesamt etwa zwölf Prozent. In sechs der sieben größten Städte des Landes sind die Letten in der Minderheit.

> PIRTS

Oder das Geheimnis lettischer Jugendlichkeit

Die Finnen schwören auf ihre Sauna, die Russen schwitzen gern in der Banja, und die Letten haben ihren *pirts*. Das mit Holz beheizte „Badehäuschen" gehört zum lettischen Bauernhof wie der Dampf zu kochendem Wasser, denn das traditionelle Schwitzbad erfreut sich in Lettland ebenso großer Beliebtheit wie bei den Nachbarn im Norden und Osten. Nach der Schwitzkur bei 60 Grad lässt man sich von einem *pirts*-Genossen mit einem Strauß Birkenreisig sanft durchpeitschen. Das bringt die Durchblutung ordentlich auf Trab. Danach geht's mit einem mutigen Satz in den benachbarten See, Fluss oder in den Schnee, je nach Jahreszeit. Eine Stunde im *pirts* soll um Jahre jünger machen.

Nach der Unabhängigkeit entlud sich ihre Angst, im eigenen Land zu Fremden zu werden, in ethnischen Spannungen und diskriminierend scharfen Einbürgerungsgesetzen. Die wurden inzwischen liberalisiert – auch auf Druck Brüssels. Für ehemalige KGB-Spitzel allerdings ist der lettische Pass tabu.

Allgegenwärtig: die rot-weiß-rote Flagge

ROT-WEISS-ROT

Die Letten sind sehr patriotisch. Die Hoheitszeichen ihrer Republik gelten geradezu als heilig, und das Rot-Weiß-Rot der Landesflagge ist an Feiertagen allgegenwärtig. Ihren Ursprung hat die Flagge in der Studentenschaft „Lettonia", die um 1870 unter der rot-weiß-roten Fahne zum nationalen Erwachen aufrief. Doch schon im 13. Jh. erwähnt die mittelhochdeutsche Bergmannchronik zum ersten Mal ein „rot barnier, mit wize durch gezniten". Gemeint war das Heeresbanner der livischen Krieger.

SINGENDE SPRACHE

Die lettische Sprache zählt zum baltischen Zweig der indogermanischen Sprachen und ist nicht mit den slawischen Sprachen verwandt. In den alten Idiomen der Heidenstämme wurzelnd, haben sich mehrere Dialekte erhalten, von denen vor allem das im Osten des Landes gesprochene Latgalisch so viele eigene Worte kennt, dass es viele Letten aus anderen Landesteilen nicht verstehen. Charakteristisch für die lettische Sprache ist das „s" an den Endungen männlicher Namen und Bezeichnungen und die Betonung auf der ersten Silbe, die zusammen mit deutlich unterschiedenen kurzen und gedehnten Vokalen ihren typisch singenden Klang erzeugt.

VOLK DER LIEDER

Letten sind geborene Sänger. In den Dainas, sowohl sing- als auch sprechbaren, meist vierzeiligen Bauernliedern, spiegeln sich der Lebenszyklus und die Seele des lettischen Volkes. Besungen wird alles: Hochzeiten und Kindstaufen, Liebe und Tod, das ländliche Arbeitsleben, die

Natur und zahllose Episoden der baltischen Mythologie. 2,5 Mio. Dainas liegen im Folklorearchiv in Rīga. Begründet wurde dieser einzigartige Kulturschatz von Krišjānis Barons (1835–1923). Der „Vater der Dainas“ bereiste alle Provinzen, befragte seine Landsleute und sammelte so an die 36000 Lieder in 182000 Versionen. Ihre Wurzeln reichen bis ins 11. Jh. zurück. Von Generation zu Generation weitergegeben, lebte in den Strophen das eigene Volkstum weiter, bis schließlich im 19. Jh. die Bewegung des nationalen Erwachens aus den Dainas erwuchs.

WIRTSCHAFT AUF WESTKURS

Wirtschaftlich zählt Lettland zu den Musterknaben der neuen EU-Mitglieder. Konsequent, manche sagen radikal, zogen die Letten den Kurswechsel durch – weg vom kollabierten Plandirigismus hin zur Marktwirtschaft. 98 Prozent der Unternehmen sind privatisiert, die Dienstleistungsbranche erwirtschaftet drei Viertel des Bruttoinlandsprodukts. Lettland wickelt 68 Prozent des Handels mit der EU ab.

Das Land ist rohstoffarm. Hoffnungen setzt man in die Holzverarbeitung. Lettland besitzt zudem die größte Fischereiflotte der drei Ostseerepubliken. Seit die postsowjetischen Krisen überwunden sind, verbessert sich der Lebensstandard stetig, das Durchschnittseinkommen liegt derzeit bei monatlich 450 Euro. Doch auch in Lettland hat das turbokapitalistische Wirtschaftwunder einige wenige schnell reich werden lassen, während große Teile der Bevölkerung finanziell kaum über die Runden kommen. Das soziale Gefälle ist nach wie vor krass, vor allem zwischen Stadt und Land: In den Dörfern leben viele Letten in Armut. Die Arbeitslosigkeit, offiziell bei sieben Prozent, ist dort vier- bis fünfmal so hoch.

> DIE LETZTEN LIVEN

Europas kleinstes Volk lebt an der kurischen Küste

Der größte Teil Lettlands hieß seit dem 13. Jh. nach dem heidnischen Stamm, der es einst besiedelte: Livland, lettisch *Vidzeme*. Der mittelalterliche Ordensstaat Livland erstreckte sich vom Peipus-See im jetzigen Estland bis an die kurländische Küste. Dort leben in 14 Dörfchen am Kap Kolka noch heute knapp 1500 Nachfahren der finno-ugrischen Liven als Fischer. Ihre robusten, mit geteerter Eiche beplankten Küstenkähne wichen längst modernen Motorkuttern, und auch die alten Bräuche spielen in der Alltagskultur nur noch eine eher folkloristische Rolle. Der lettische Staat hat die Livendörfer, in denen noch viele der altertümlichen hölzernen Fischerkaten stehen, darum als ethnografisches Kulturdenkmal unter Schutz gestellt und fördert Traditions- und Sprachpflege. Denn nur zwei Dutzend Menschen dieser kleinsten Ethnie Europas sprechen noch die livische Sprache.

HÖHEPUNKT IST DAS JOHANNISFEST

Letten singen, tanzen und feiern gern – und machen mindestens einmal im Jahr die Nacht zum Tag

> Die großen christlichen Feste stehen auch in Lettland in hoher Gunst, doch das schönste und beliebteste wurzelt im heidnischen Brauchtum: *Janis*, das Johannisfest zur Sommersonnenwende. Unzählige Traditionen ranken sich um das Fest der Lebensfreude, von speziellen Speisen bis zu den *Līgo*-Liedern, die nur am Sonnenwendfeuer gesungen werden. Männer, die Janis heißen, tragen Kränze aus Eichenlaub, Verliebte suchen in der Janisnacht die Farnblüte, es wird gesungen, gelacht und getanzt, nur eines gewiss nicht – geschlafen.

Letten lieben Musik. Ob Jazz oder Oper, Rock oder Klassik: Überall finden im Sommer Konzerte und Festivals statt, ihre Zahl ist kaum zu überblicken. Aktuell informieren die örtlichen Touristenbüros und lettische Websites wie www.concert.lv/concert.php und www.music.lv

FEIERTAGE

1. Jan. *(Neujahr)*; **Karfreitag**; **Ostermontag**; **1. Mai** *(Tag der Arbeit, Tag der Konstituierung des Lettischen Parlaments)*; **14. Juni** *(Gedenktag für die Opfer des Stalinismus)*; **23. Juni** *(Līgo-Fest – Entzünden des Feuers zur Sommersonnenwende)*; **24. Juni** *(Johannistag)*; **18. Nov.** *(Nationalfeiertag, Ausrufung der Republik von 1918)*; **25./26. Dez.** *(Weihnachten)*; **31. Dez.** *(Silvester)*

FESTE UND VERANSTALTUNGEN

Januar

Weltcuprennen auf der Bobrodelbahn Sigulda: Ein Highlight im wintersportbegeisterten Lettland

März

Internationaler Frauentag: kein offizieller Feiertag mehr, aber Frauen freuen sich dennoch über Blumen *(8. März)*

April/Mai

Dokumentarfilmfestival der Ostseeländer in Rīga *(Mitte April)*

Baltisches Ballettfestival in Rīga mit hochkarätigen internationalen Ensembles, www.ballet-festival.lv *(Ende April)*

> EVENTS FESTE & MEHR

Theaterfestival *Baltischer Frühling* in Rīga, größtes im Baltikum

Juni

Historischer Handwerkermarkt im Ethnografischen Freilichtmuseum bei Rīga mit Kunsthandwerkern aus dem ganzen Land *(1. Wochenende im Juni)*
Internationales Opernfestival in Rīga, Aufführungen von europäischem Ruf, oft mit großen Namen *(Mitte Juni)*
Mittelalterfestival Cēsis, populäres Spektakel mit Ritterspielen und Theater in den Ordensburgruinen *(Mitte Juni)*
Festival der lettischen Popmusik *Mēs Liepājai* in Liepāja *(23. Juni)*

Juli/August

Internationales Folklorefest *Baltica* in Rīga, alle drei Jahre im Wechsel mit Litauen und Estland (wieder im Juli 2009)
Meeresfest in Ventspils mit Neptunprozession (2. Wochenende im Juli)
Festival für Alte Musik, Klassik in drei Schlössern rings um Bauska *(3. Wochenende im Juli)*
Konzertreihe *Rīgaer Sommer*, Klassik Open Air in Rīga und Jūrmala
Open-Air-Rockfestival *Liepājas Dzintars* im Jūrmalas Park, Lettlands legendäres Rockkonzert *(Mitte Aug.)*
★ *Allgemeines Lettisches Sängerfest:* Das Volksfest schlechthin im Rīgaer Meža-Park mit mehr als 10 000 Sängern und Hunderttausenden Zuschauern findet alle fünf Jahre statt (2008/2013).

September

Internationales Filmfestival *Arsenâls* in Rīga, *(Mitte Sept. in geraden Jahren)*
Herbstliche Tag- und Nachtgleiche: Das Fest kurz vor Michaeli ist fast ebenso beliebt wie die Sommersonnenwende, überall im Land brennen die Feuer *(23. Sept.)*

Dezember

Weihnachtsmarkt in Rīga, der schönste und größte im gesamten Baltikum mit Kunsthandwerk, viel traditioneller Musik und riesigen Lichtertannen *(Mitte Dez.)* Insider Tipp

> KÜMMEL, BIER UND DUNKLES BROT

Letten mögen es sauer und deftig, doch auch die vielen fremden Herrscher haben ihre Spuren auf der Speisekarte hinterlassen

> Die traditionelle lettische Küche ist bodenständig und bäuerlich, ziemlich schwer, doch herzhaft lecker und auch voller Überraschungen. Gemüsesuppen *(sakņu zupa)* von kräftig bis klar, süße Mehl- und Quarkspeisen, Milchsuppen und deftige Gerichte wie graue Erbsen mit Speck, Graupensuppe und Aufläufe aus Buchweizen *(griki)* und Gerste *(grūbas)* prägen die Speisekarte des Hausgemachten.

Fleisch gehört immer dazu, ebenso Kartoffeln. Und natürlich die Früchte der Wälder: Honig, lettisch *medus,* Moos- und Blaubeeren sowie Pilze, auf jede nur denkbare Art zubereitet. Gewürzt wird eher sparsam. Das lettische Nationalgewürz allerdings wird dem Gast nicht lange verborgen bleiben: Was den Litauern ihr Dill, ist den Letten ihr Kümmel. Sie verfeinern damit fast alles, ob Fisch, Fleisch, Kartoffeln oder Brot.

Typisch für die lettische Küche ist die Vorliebe fürs Säuerliche. Auch

Bild: Straßencafé auf Rīgas Domplatz

ESSEN & TRINKEN

ihr Nationalgericht *putra*, gekochte Gerstengrütze, ist für die Letten erst komplett, wenn sie es kräftig mit Sauerrahm abgeschmeckt haben. Zu vielen Speisen wird Brot gereicht. Brot, lettisch *maize*, gilt wie überall im Baltikum geradezu als Heiligtum. Typisch für Lettland und sehr schmackhaft ist dunkles Roggenbrot *(saldskāba maize)*.

Jahrhundertelang lag das Baltikum unter Fremdherrschaft, was die lettische Speisekarte bis heute mitprägt. Den Deutschen schreibt man die lettische Vorliebe für geräucherten Fisch zu. Herzhafte Wildgerichte und Sauerkraut erinnern an polnische Traditionen. Die meisten Zutaten brachte Russlands Küche ein. Zweihundert Jahre Zusammenleben prägen: Russische Nationalgerichte wie der Borschtsch sind aus der lettischen Küche nicht wegzudenken. Die Letten bereiten die berühmte

Rote-Beete-Suppe gern als Kaltspeise zu, mit einem Löffel Sahne wird *chalodni borschtsch* zur köstlichen Erfrischung an heißen Sommertagen. Beliebt sind auch Russlands *bliny,* die hauchdünnen Pfannkuchen aus Buchweizenteig. Man genießt sie sowohl als Vorspeise mit Pilzen oder Kaviar als auch zum Dessert, dann mit bittersüßer Moosbeerenkonfitüre bestrichen und – Sie ahnen es – einem Klecks *putukrējums*, Schlagsahne, obendrauf.

Das bekannteste Genussmittel der Russen ist freilich immer noch der Wodka, und den trinkt man auch in

> SPEZIALITÄTEN

Genießen Sie die typisch lettische Küche!

Buberts – Lettlands „Manna": cremiger, kalt servierter Weizenpudding

Cukas ar skabiem kapostiem – Eisbein mit Sauerkraut, unverkennbar eine Hinterlassenschaft deutscher Küchentradition und auch in Lettland sehr beliebt

Janu siers – Johanniskäse. Der mit Kümmel gewürzte Hüttenkäse wird nur zum Sonnenwendfest gegessen. (Foto)

Kringels – traditionelles süßes Mandelgebäck in Brezelform

Krupnikas – würziger Honiglikör, mit Kümmel, Nelken und Ingwer verfeinert

Ligsdinas – lettisches Nationalgericht. Mit hart gekochten Eiern, Pilzpüree oder anderen kalorienreichen Überraschungen gefüllte Frikadellen. Dazu gibt's Kartoffeln, eine Bouillon und natürlich einen Klecks Sauerrahm oder Sahne.

Melnais Balzāms – Lettlands hochprozentiger schwarzer Kräuterlikör soll einst als Medizin erfunden worden sein

Negis – sieht aus wie ein kleiner Aal, ist aber ein Flussneunauge und eine baltische Delikatesse, grätenfrei und sehr schmackhaft. Wird auf viele Arten zubereitet

Piragi – gebackene, gefüllte Teigtaschen, Russland lässt grüßen. Piroggen gibt's meist mit Hackfleisch, aber auch mit Pilzen, Fisch, Kartoffelpüree, gekochtem Ei, Kräuterquark oder Kohl gefüllt.

Putra – gekochte, mit saurer Sahne, mancherorts auch mit Milch verrührte Gerstengrütze. Dazu gibt es Kartoffeln und gern Fisch. Klassiker der lettischen Küche

Rasols – Kartoffelsalat mit Roter Beete und Äpfeln

Saldejums – Lettlands berühmtes Speiseeis. Die mit Zimt, Nüssen, Blaubeeren, Honig, Karamell und Schokoladensauce veredelten Kreationen sind eine Welt für sich.

Senu zupa – traditionelle baltische Pilzsuppe, gibt's in vielen Variationen

Skabu kapostu zupa – Sauerkrautsuppe mit Tomaten, Zwiebeln und Schinken

Lettland reichlich – vom allgemein bekannten „Stolitschnaja" bis hinauf zum fast 50 Prozent starken „Sibirskaja". Wer es milder mag, wähle eine baltische Sorte, z. B. den litauischen „Kristalinė"-Wodka.

So klar das Wässerchen daherkommt, so abgründig dunkel schimmert Lettlands hochprozentiges Nationalgetränk: *Balzāms*, der legendäre schwarze Kräuterlikör, ein echter Exportschlager. Auch aromatische Honig- und Beerenschnäpse sind typisch für das Baltikum. Probieren sollte man den *Allažu kimelis,* einen rustikalen Kümmellikör.

Weinliebhaber indes erwarten von Lettland besser nicht zu viel. Lettland ist ein Bierland und wie die anderen beiden Ostseerepubliken auch mächtig stolz auf seine lebendige Brautradition. Hier gibt es noch viele kleine Privatbrauereien, die ein würziges, zum Teil sehr starkes Bier *(alus)* brauen. Außer dem Gerstensaft des Rīgaer Marktführers „Aldaris" lohnt es sich, die Biere aus der Provinz zu probieren, vorzüglich schmecken „Cēsis", „Līvu" oder „Kimmel". Vielerorts wird ein süffiges Bauernbier gebraut, doch Vorsicht: Das Zeug hat's in sich. „Prost" heißt auf lettisch übrigens „Priekā"!

Längst hat sich neben der traditionell baltischen auch die internationale Küche etabliert, vor allem in den großen Städten, unter denen wiederum Rīga in einer eigenen Restaurantliga spielt. Ob armenisch, malaysisch, türkisch oder französisch – in Lettlands Metropole kein Problem. Auch auf der Fastfood-Seite der gastronomischen Skala muss Rīga längst keinen Vergleich mit westeuropäischen Metropolen mehr scheuen. Übrigens werden auch in vielen Cafés *(kafejnica)* gute Mahlzeiten serviert. Junge Leute zieht es vor allem in die quirligen Restaurantfilialen der Lido-Kette. Deren *Atpūtas centrs* in Rīga, das „größte Blockhaus der Welt", ist regelrecht Kult.

Sushi, Latte & Co.: In Rīgas Gastroszene bleiben keine Wünsche offen

Die einheimische Küche ist dennoch nicht in Gefahr unterzugehen. Viele Restaurants haben traditionelle Gerichte auf der Speisekarte. Altlettisches Hausgemachtes freilich werden Sie am ehesten in kleinen Pensionen, auf Bauernhöfen und in Privatquartieren kennen lernen. Fern der Hauptstadt fällt die gastronomische Vielfalt erheblich magerer aus. Dafür ist in der Provinz manches traditioneller geblieben. Wohl bekomms! *Labu apetiti!*

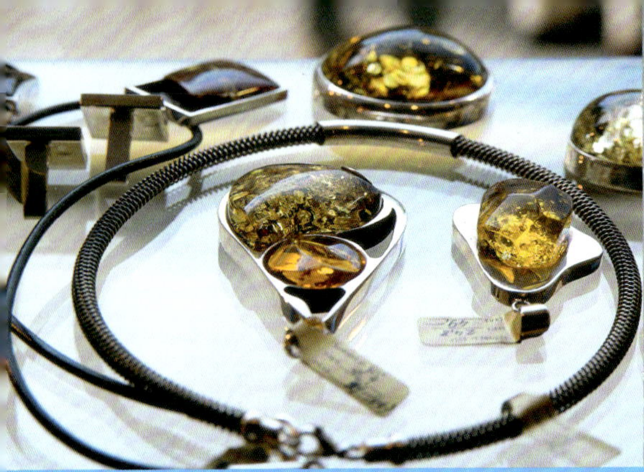

BALSAM UND GÖTTERTRÄNEN

Das große Angebot an schönem Kunsthandwerk schöpft in Lettland aus den lebendigen Traditionen aller Landesteile

> Das Warenangebot in Lettland hat längst Westniveau erreicht. Von Rēzekne bis Liepāja werden Sie fast allerorten einen Supermarkt finden, in dem es alles zu kaufen gibt, was man zum Leben braucht. Discounter wie die Rimi-Kette betreiben ein dichtes Netz von Filialen. Geöffnet sind sie bis spätabends – selbst sonntags. Lediglich in dünn besiedelten Gegenden fehlt dieser Komfort. Einen Lebensmittelladen *(Pārtikas veikals)* gibt's aber in jedem größeren Ort.

BERNSTEIN

An der Küste bietet sich natürlich Bernstein, das Gold der Ostsee, als Souvenir oder als Geschenk für Daheimgebliebene an. Von Ventspils bis Jūrmala haben zahllose Souvenirläden und Straßenhändler, aber auch feine Galerien Bernsteinschmuck im Angebot – mal elegant, mal superkitschig. Liepājas Bernsteinjuweliere sind bekannt für ihre modernen Arbeiten, denn die „Göttertränen" sind in Lettland auch bei jungen Frauen sehr beliebt.

KUNSTHANDWERK UND SOUVENIRS

Wer ein typisch lettisches Mitbringsel sucht, der wird in jedem Winkel des Landes etwas anderes finden. In Vidzeme etwa lebt die alte livländische Handarbeitstradition weiter. Kunstvoll bestickte Leinentischdecken und -kleider, Wollpullover, Handschuhe und Schals sind hier so typisch wie im Südosten die auf uralte Art gebrannte bäuerliche Keramik. Rīga bietet hochprozentiges Genussvolles: Schwarzen Balsam *(Rīgas Melnais Balzāms)*, den Kräuterlikör, und die berühmte *Laima*-Schokolade. Wie sehr traditionelles Weben, Stricken, Schnitzen und Schmieden in Lettland noch zur Alltagskultur gehört, bestaunen Sie am besten in einem der vielen Kunsthandwerksläden, erkennbar am Schild „Daiļrade". Noch größer ist das Angebot im Ethnografischen Freilichtmuseum in Rīga und erst recht auf dem Kunsthandwerkermarkt *Gadatirgus*, der dort alljährlich am ersten Juniwochenende stattfindet.

> EINKAUFEN

MÄRKTE

Eine Welt für sich sind die Märkte *(Tirgus)*. Die sollten Sie unbedingt besuchen. Nicht nur des üppigen Angebots wegen: Von Gemüse, Pilzen und Honig bis hin zu leckerem Gebäck gibt's einfach alles. Auf den Märkten schlägt der Puls des lettischen Alltagslebens. Und viele der Menschen, die hier Obst verkaufen, haben die Einnahmen allemal nötiger als die Handelsriesen mit ihren Megaeinkaufszentren. Im Range einer echten Sehenswürdigkeit steht der Rīgaer Zentralmarkt in den einstigen Zeppelinhallen am Bahnhof, einer der größten Märkte in Europa mit einem riesigen Angebot und einzigartigem Flair.

RĪGA

„Es gibt Lettland und es gibt Rīga" – dieser im ganzen Land populäre Spruch gilt auch und besonders für das Thema Einkaufen. Da spielt die Hauptstadt sozusagen in ihrer eigenen Liga: Die Rīgaer City ist eine einzige große Shopping-Meile. Vor allem in der historischen Altstadt reiht sich eine Boutique an die andere, so edel wie teuer und jedem europäischen Vergleich standhaltend. Besonders feine Läden haben sich in der *Torņa* angesiedelt, internationale und lettische Labels der Modeszene residieren in der *Elizabetes*. Zum trendigen Einkaufsviertel für Designermode, Schmuck und teure Düfte mausert sich auch die neustädtische *Tērbatas* mit ihren Nebenstraßen. Krönung eines Rīgaer Shopping-Bummels: die schicken Passagen des *Berga Bazārs*. Modeläden, Cafés, Restaurants und Spezialitätengeschäfte residieren rings um das exklusive Boutiquehotel *Bergs* in den Höfen und Arkaden eines stilvoll restaurierten gründerzeitlichen Einkaufszentrums. Ein Tipp vor einer Fahrt durch das Land: die geografische Buchhandlung *Jāna sēta* in Rīga *(Elizabetes 83–85 | www. kartes. lv)*. Hier führt man das beste Angebot an Lettland-Landkarten und -Stadtpläne bis hin zu detaillierten Wanderkarten für die Nationalparks.

Insider Tipp

> MISS BALTICA

In Lettlands vitaler Metropole schlägt das Herz des Baltikums. Die Stadt verbindet hanseatisches Traditionsbewusstsein mit eleganter Lebenslust

KARTE IN DER HINTEREN UMSCHLAGKLAPPE

> Schon immer galt Rīga [117 F3–4] als urbanes Zentrum des Baltikums. Mit fast einer Million Einwohnern nimmt es auch gern für sich in Anspruch, die einzige wirkliche Großstadt der drei Ostseerepubliken zu sein.

Für Lettland ist Rīga Hauptstadt, Herz und Seele: Jeder dritte Einwohner des Landes wohnt in der Hauptstadt. Auch den Reisenden zieht *Miss Baltica* spielend in ihren Bann. *Vecrīga,* die herausgeputzte Altstadt mit ihren winkligen Gassen, backsteingotischen Kirchen und Kaufmannshäusern, und die berühmten Jugendstilviertel der Neustadt vereinen aus 800-jähriger Geschichte so viel einzigartige Baukunst, dass die Unesco die Schönheit an der Daugava zum Weltkulturerbe erhob.

Inzwischen allerdings drohte Rīga den Titel wieder zu verlieren, weil

Bild: Blick auf Rīgas Altstadt

RĪGA UND JŪRMALA

nun auch hier allenthalben moderne gläserne Business-Center aus dem Boden schießen – und die historischen Stadtansichten mehr und mehr bedrängen. Rīga boomt. Wohin man auch blickt in der City: Es wird gebaut, saniert, restauriert. Der Bauboom hat Folgen: Rīga wird immer teurer. Die Immobilienpreise und Mieten explodieren. Die große Mehrheit der Rīgaer wohnt dort, wohin sich kaum ein Tourist verirrt: in grauen Vorstädten und in den Plattenblocks der Trabantensiedlungen.

Rīgas historische Altstadt ist ganz für den Autoverkehr gesperrt. Doch alle Sehenswürdigkeiten lassen sich gut und bequem zu Fuß zu erkunden, für die Pause zwischendurch locken Straßencafés oder die Parks am Boulevardbogen. Ein beliebter Ausgangspunkt für einen Stadtbummel ist der Rathausplatz *(Ratslaukums)*. Hier finden Sie, direkt am Schwarzhäupterhaus, auch die Touristeninformation.

SEHENSWERTES

Rīga hat etwa 50 Museen, Ausstellungen in den vielen Galerien nicht gezählt. Einen aktuellen musealen Überblick gibt's im Touristenbüro (TIC) und unter *www.muzeji.lv*.

Groß, größer, Dom von Rīga: Selbst die Orgel hat hier gigantische Ausmaße

ARSENAL (ARSENĀLS) [U B4]

Für Liebhaber zeitgenössischer Malerei ist das Kunstmuseum im alten schwedischen Arsenal ein Muss. Wechselnde Ausstellungen. *Di–So 11–17 Uhr | Torņa 1*

BASTEJKALNS-PARK [U C3–4]

Wie ein breiter grüner Gürtel zieht sich der Bastejkalns-Park, eine der beliebtesten Grünanlagen Rīgas, beidseits des *Pilsētas Kanāls* am Boulevardbogen hin. Die Anlage rings um den alten Basteiberg reicht im Süden bis an die Nationaloper und die Universität heran.

DOM (DOMA BAZNĪCA) ★ [U B4]

5000 Menschen finden in der größten Kirche des Baltikums Platz. Schon als Rīgas Stadtgründer, Bischof Albrecht, St. Marien 1211 in Auftrag gab, wurde sie wegen ihrer gewaltigen Ausmaße außerhalb der Stadtmauer gebaut. Allein für den Rohbau mit 2 m dicken Mauern brauchte man 50 Jahre, und auch danach wurde so viel an der Kathedrale herumgebaut, dass sie drei Epochen vereint: Romanik, Gotik und Barock. Sehenswert sind die barocke Kanzel, das

Schwarzhäuptergestühl und die bemalten Glasfenster, doch nichts reicht an die Pracht der Walcker-Orgel von 1884 heran. Mit 6718 Pfeifen war sie damals die größte der Welt. Eine der klangschönsten ist sie geblieben. Besuchen Sie ein Orgelkonzert – ein unvergessliches Erlebnis *(Konzerte Mi und Fr 19 Uhr | Karten und Programm an der Konzertkasse gegenüber dem Westportal | Tel. 67 21 32 13 | www.concert.lv). Di–Fr 13–18 Uhr, Sa 10–14 Uhr | Doma laukums*

DREI BRÜDER (TRĪS BRĀĻI) ★ [U B4]
Geschwister sind die drei benachbarten Wohnhäuser eigentlich nicht, sie entstanden zu ganz verschiedenen Zeiten. Großer Bruder ist das Haus rechts mit gotischem Stufengiebel, es gilt als das älteste Wohnhaus der Stadt. Das gelbe Haus in der Mitte trägt Züge holländischen Barocks und die Jahreszahl 1646 im Giebel. Der jüngste Bruder links stammt aus dem 18. Jh. *Mazā Pils 17–21*

FREIHEITSDENKMAL (BRĪVĪBAS PIEMINEKLIS) ★ [U C4]
Drei goldene Sterne streckt Milda, die anmutige Frauengestalt, auf ihrer 42 m hohen Säule dem Himmel entgegen. Sie symbolisieren die Provinzen Latgale, Kurzeme und Vidzeme und damit Lettlands nationale Einheit. Den Sowjets war das 1935 errichtete Monument mit der Aufschrift *Tēvzemei un Brīvībai* („Für Vaterland und Freiheit") ein Dorn im Auge, doch es anzurühren, wagten sie nicht. Die stündlich wechselnde Ehrenwache schützt die Würde des Ortes. *Brīvības bulv.*

MARCO POLO HIGHLIGHTS

★ Petrikirche
Ihr vierter Turm soll ewig halten (Seite 36)

★ Schwarzhäupterhaus
Nur ledige Kaufleute durften früher hinein (Seite 36)

★ Freiheitsdenkmal
Drei goldene Sterne krönen Lettlands Nationalmonument (Seite 33)

★ Ethnografisches Freilichtmuseum
An einem Tag ganz locker Lettland durchwandern (Seite 41)

★ Gildehäuser
Symbole hanseatischer Macht (Seite 34)

★ Dom
Die gewaltigste Kirche des Baltikums (Seite 32)

★ Okkupationsmuseum
Erschütternde Dokumente lettischen Leidens im „Schwarzen Sarg" (Seite 36)

★ Jūrmala
Die lettische Riviera: Ferientrubel und feiner Strand (Seite 42)

★ Drei Brüder
Häusliche Wahlverwandte Seite an Seite (Seite 33)

★ Neustadt
Wo Rīga im Jugendstil schwelgt (Seite 35)

GILDEHÄUSER (LIELĀ ĢILDE UND MAZĀ ĢILDE) ★ [U C4]

Wo die *Meistaru iela* auf den Livenplatz *(Līvu laukums)* mündet, stehen zwei Symbole der hanseatischen Macht Rīgas: die Gildehäuser. In der Großen Gilde schlossen sich 1354 die deutschen Kaufleute zusammen, heute beherbergt sie die Philharmonie. Die Kleine Gilde, auch Johannisgilde genannt, war seit 1352 Sitz der Handwerkerzünfte. Beide Häuser wurden Mitte des 19. Jhs. im Stil englischer Tudorgotik umgebaut. Schräg gegenüber erinnert eine Rīgaer Kuriosität, das Katzenhaus *(Kaķu nams)*, an die Diskriminierung der Letten. Weil ihm die Aufnahme in die Gilde verweigert wurde, stellte ein reicher lettischer Kaufmann 1909 zwei schwarze Katzen auf das Dach seines Hauses – mit den Hinterteilen den arroganten Deutschen zu. *Amatu/Meistaru*

JOHANNISKIRCHE (JĀŅA BAZNĪCA) [U C5]

Die spätgotische Kirche mit dem wunderschönen Stufengiebel, den schon Stilelemente der Renaissance prägen, war einst Teil eines Dominikanerklosters. Zwischen Kirche und *Eckens Konvent,* einem mittelalterlichen Witwenheim, führt ein schmaler Gang in den Johannishof *(Jāņa sēta),* wo noch Reste der alten Stadtmauer zu sehen sind. *Skārņu/Kalēju*

JÜDISCHES MUSEUM (EBREJI KOPIENAS MUZEJS) [U D2]

Das kleine Museum erinnert an Leben und Kultur der 80000 von den Nazis ermordeten lettischen Juden. Es gibt auch Führungen durch das Insider Tipp „jüdische Rīga", u. a. zur einzigen erhaltenen Synagoge in der *Peitavas. Mo–Fr 12–17 Uhr | Skolas 6 | Eintritt frei*

LAIMA UHR [U C4]

Die Uhrensäule am Boulevardbogen ist ein beliebter Treffpunkt. 1924 wurde sie aufgestellt, damit die Arbeiter rechtzeitig zur Arbeit kamen, sagt man. Heute erinnert die Uhr vor allem an die legendäre Rīgaer Laima-Schokolade. *Brīvības/Basteja bulv.*

MENTZENDORFFHAUS (MENCENDORFA NAMS) [U C5]

Im detailgetreu sanierten Patrizierhaus sehen Sie, wie Rīgas reiche Kaufleute im 17. und 18. Jh. lebten. *Mo–Sa 10–17 Uhr | Grēcinieku 18*

MOSKAUER VORSTADT (MASKAVAS FORŠTATE) Insider Tipp [U D–E6]

Hinter dem Hauptbahnhof, beidseits der Gogol-Straße *(gogoļa),* geben altrussische Holzhäuser und orthodoxe Kirchen dem Stadtbild ein nostalgisches Flair. Hier leben seit alters her die russischen Bewohner Rīgas. Ein interessantes Bauwerk steht in der Elijas-Straße: die klassizistische Jesuskirche *(jezus lut. baznīca),* größtes hölzernes Gebäude im Baltikum. 1941 legten die Nazis in der Moskauer Vorstadt das Rīgaer Ghetto an und trieben hier Tausende Juden zur Ermordung zusammen.

MOTORMUSEUM (MOTORMUZEJS) ▶▶ [0]

Prominentester Dauergast dieses originellen Museums im Nordosten Rīgas an der Speedway-Bahn ist der sowjetische Parteichef Leonid Insider Tipp Breschnew. Er sitzt zur Wachsfigur erstarrt in seinem Unfall-Rolls-

Royce. *Di–So 10–15 Uhr, Mo 10–18 Uhr | Eizenšteina 6*

MUSEUM DER GESCHICHTE LETTLANDS (LATVIAS VĒSTURES MUZEJS) [U B4]
Das Nationalmuseum im Rīgaer Schloss dokumentiert Landesgeschichte von der Steinzeit bis in die Gegenwart. Nebenan im *Museum für Ausländische Kunst (Ārzemju Mākslas muzejs)* gibt es Chinaporzellan und Werke holländischer alter Meister zu sehen. *Mi–So 11–17 Uhr | Pils lauk. 3 | Mi Eintritt frei*

MUSEUM FÜR SCHIFFFAHRT UND GESCHICHTE (RĪGAS VĒSTURES UN KUĢNIECĪBAS MUZEJS) [U B4]
Hervorgegangen aus der Privatsammlung eines Arztes wuchs der Fundus dieses ältesten Museums des Baltikums seit 1773 zu einer interessanten und lebendig präsentierten Rückschau auf acht Jahrhunderte Rīgaer Stadtgeschichte. Sehenswert ist die Ausstellung schon ihres Ortes wegen: Sie ist über dem Kreuzgang des einstigen Domklosters untergebracht. Nebenan in der Domschule lehrte Johann Gottfried Herder. Seine Büste steht auf dem Herderplatz *(Herdera laukums)* vor dem Museum. *Mi–So 10–17 Uhr | Palasta 4*

Überbordende Jugendstilfassaden voller Phantasie prägen Rīgas so genannte Neustadt

NEUSTADT ★ [U D–F1–3]
Neu-Rīga wuchs schnell, nachdem Zar Nikolaus II. 1857 erlaubt hatte, die Festungswälle zu schleifen – längst platzte die Altstadt aus allen Nähten. Der nostalgisch verwinkelte

Charme Vecrīgas ist der Neustadt fremd, geprägt wird dieser Stadtteil von breit anlegten Boulevards wie dem Brīvības, der Hauptachse Rīgas. In der Neustadt entstanden während des wirtschaftlichen Aufschwungs Anfang des 20. Jhs. die meisten der 800 Jugendstilhäuser, für die Rīga so berühmt ist.

OKKUPATIONSMUSEUM (OCUPĀCIJAS MUZEJS) ★ [U B5]

„Schwarzer Sarg" nennen die Rīgaer den kantigen Hallenbau am Rathausplatz, in dem eine umfangreiche und erschütternde Ausstellung das lettische Leid unter Naziterror und sowjetischer Besatzung dokumentiert. *Di–Sa 11–17 Uhr | Strēlnieku lauk. 1 | Eintritt frei | www.occupationmuseum.lv*

PETRIKIRCHE (PETERA BAZNĪCA) ★ [U C5]

Rīgas schönste Kirche, v. a. wegen des barocken, von zwei offenen Galerien filigran unterbrochenen, achteckigen Turmes: Mit 121 m Höhe ein Wahrzeichen der Stadt. Ein Lift bringt Sie 72 m hinauf zur Insider Tipp Aussichtsplattform, die einen traumhaften Blick über die Daugava bis zur Ostsee bietet. Der erste Turm galt einst mit 136 m als höchster Holzturm der Welt. Er stürzte 1667 ein, und auch seinen Nachfolgern waren Himmel und Schicksal nicht gewogen: Noch zweimal brannte der Turm der Petrikirche nieder, 1721 vom Blitz und 1941 von deutschen Bomben getroffen. Die Rīgaer bauten ihn immer wieder auf – zuletzt 1973 mit einem Stahlkorsett. *Skārņu 19 | Di–So 10–17.15 Uhr | www.peterbaznica.lv*

PULVERTURM (PULVERTORNIS) [U C4]

Die Zeiten, in denen Rīga eine Stadtmauer mit 28 Türmen brauchte, sind lange vorbei. Der Pulverturm aus 3 m dicken Mauern in der schön restaurierten Insider Tipp nördlichen Altstadt ist der letzte erhaltene Eckzahn der Bewehrung; er birgt heute ein Kriegsmuseum *(Kara muzejs | Di–So 11–18 Uhr, Do 12–19 Uhr | Smilšu 20)*.

REUTERNHAUS (REITERNA NAMS) [U C5]

Johann Reutern, ein vom schwedischen König geadelter Patrizier, ließ sich dieses Prachtstück nordischen Barocks 1684–88 bauen und politische Symbolik verewigen: Im Gesims besiegt Schwedens Löwe den russischen Bären. *Mārstaļu/Audēju*

SCHLOSS (RĪGAS PILS) [U B4]

Seit 500 Jahren prägen die beiden Wehrtürme des Rīgaer Schlosses das Stadtpanorama von der Daugava her mit. Der Rest des palastartigen Komplexes ist immer repräsentativer erweitert worden: Hier residierten schwedische, polnische und livländische Gouverneure. Heute ist das Schloss Sitz des Präsidenten. *Pils lauk. 3*

SCHWARZHÄUPTERHAUS (MELNGALVJU NAMS) ★ [U B5]

Der Renaissance-Ziergiebel des Zunfthauses von 1334 prägt den alten Rathausplatz *(Rātslaukums)*. Der eigenartige Name geht auf die „Compagnie der schwarzen Häupter" zurück – eine mittelalterliche Bruderschaft, zu der nur unverheiratete Kaufleute Zutritt hatten. Ihr Schutzpatron war der heilige Mauritius. Das alte Schwarzhäupterhaus fiel 1941 in Schutt und Asche. Was Sie heute bestaunen, ist eine perfekte Kopie: 1995–99 baute man das Juwel Vecrīgas originalgetreu wieder auf. *Rātslaukums 6*

ESSEN & TRINKEN

ALUS SĒTA [U B4]

Das beliebte Selbstbedienungs-Restaurant der Lido-Kette am Domplatz bietet herzhafte lettische Kost zu erschwinglichen Preisen. Traditionell: graue Erbsen mit Speck. Lecker: die Rippchen vom Grill. *Alus sēta* heißt übersetzt Bierhof – und das gibt's hier natürlich auch. *Tirgoņu 6* | *Tel. 67 22 24 31* | €

Eine wahre Renaissance: Das Schwarzhäupterhaus stammt von 1999

SCHWEDENTOR (ZVIEDRU VĀRTI) [U C4]

Rīgas einziges noch erhaltenes Stadttor (von ehemals immerhin 25) entstand, weil den schwedischen Besatzern ein direkter Weg aus der Altstadt zu ihren Kasernen fehlte: Sie brachen im Jahr 1698 einfach ein Loch in ein Wohnhaus und schufen so ihren Durchgang. Heute pilgern vor allem Touristen durch das eigenartige Tor, an dessen Seite einst der Henker der Stadt wohnte. *Torņa/Aldaru*

CITAS DEBESIS ▶▶ [U C5] Insider Tipp

Plastik in rot und rosa, Schalenstühle, Neonlicht: Trendiges Café, das sich „Der andere Himmel" nennt und moderne Kontraste zu Backstein und Gotik setzt. Abends oft Disko.

Skārņu 10/20 | *Tel. 67 22 70 21* | www.citasdebesis.lv | €

KAĻĶU VĀRTI [U C4]
Der Küchenchef lässt sich eine Menge einfallen, um seine Gäste zu verwöhnen. Probieren Sie die Pfannkuchen mit Kaviar! Abends spielt oft Livemusik. *Kaļķu 11 a* | *Tel. 67 21 25 75* | €€

>LOW BUDGET

- In Rīga schnell für kleines Geld lange satt werden? Im Schnellimbiss „Pelmeni" gibt's frische Pfannkuchen *(blini)*, Pasteten *(piragi)*, leckere Suppen und natürlich Fleischklöße *(pelmeni)* zu supergünstigen Preisen. *Caka 38a/Gertrudes* | *Filiale: Kalku 7*
- Rīga aus einem anderen Blickwinkel: Von der Akmens-Brücke legen Ausflugsschiffe zu 1- bis 3-stündigen Flussfahrten ab *(Mai–Sept. tgl.)*. Besonders reizvoll: Touren nach Mežaparks. *2,80–4 Euro je nach Fahrzeit*
- Fahrrad ausleihen und losradeln, so erkundet man die Strandstadt Jūrmala mit ihren schicken Villen und Sanatorien am besten. Gute GMX- und Mountainbikes gibt's günstig in Majori gleich neben der Touristeninfo bei „Stefan and Mark". *Jomas 42* | *Tel. 26 90 76 69*
- Der schönste Platz an einem Rīgaer Sommerabend und ein erschwingliches Vergnügen dazu: ein Biergarten. Die beliebtesten Altstadt-Spots finden Sie am Liven- und am Domplatz.
- Man muss nicht gleich eine Oper anhören, um das Haus mal von innen zu bestaunen: Es gibt Führungen (engl.) durch die prachtvolle Rīgaer Nationaloper, und die sind ungleich günstiger. *Tel. 67 07 37 77* | www.opera.lv

NOSTALĢIJA [U C4]
Restaurant ganz im Retro-Sowjet-Look. Unter Stuckdecke und Revolutionsgemälden an den Wänden gibt sich auch die Speisekarte linientreu: Russische Spezialitäten dominieren. Das Interieur ist Geschmackssache, doch die Küche ist richtig gut. *Kaļķu 22* | *Tel. 67 22 23 38* | €€

OSIRIS ▸▸ [U E3] Insider Tipp
Boheme-Café am Neuen Theater, einer der beliebtesten Intellektuellentreffs Rīgas. Man kann hier auch gut essen, Spitze ist das Frühstück. *K. Barona 31* | *Tel. 67 42 30 02* | €

ROZENGRĀLS [U B4]
Opulent-stilvolles Speisen wie im Mittelalter, als es Kartoffeln hierzulande noch nicht gab, dafür umso mehr Wild in den Wäldern. Das Restaurant in einem gotischen Gewölbekeller zählt zu den ältesten der Stadt, schon 1252 wurde hier Wein ausgeschenkt. *Rozena 1* | *Tel. 67 22 47 48* | www.rozengrals.lv | €€

VINCENTS [U C2]
Die extravaganten Kreationen von Küchenchef Mārtinš Rītiņš locken wohlhabendes Publikum und Prominenz in das exklusive Lokal. *Elizabetes 19* | *Tel. 67 33 26 34* | €€€

EINKAUFEN

BERGA BAZĀRS [U E4]
Rīgas feinster Shoppingtempel residiert rings um das Designhotel *Bergs* in den Höfen eines stilvoll restaurierten gründerzeitlichen Einkaufszent-

rums. *Marijas 13* | *www.bergabazars.lv*

KONVENTS [U C5]
Antiquitäten, altes Porzellan, Ikonen, Bücher, auch deutschsprachig – das Richtige zum Stöbern. *Kaļķu 9/11 (im Konventhof)*

LAIMA [U C4]
Lettlands berühmte Schokolade – hier gibt es sie in allen leckeren Variationen. *Smilšu 16*

LAIPA [U C4]
Riesenangebot lettischer Souvenirs von handgewebtem Leinen bis zur Latgale-Keramik. *Laipu 2/4*

RANDOMS [U C4]
Angeblich der größte Musikladen des Baltikums. Top-Angebot von Klassik bis Hip-Hop. *Kaļķu 4*

SALONS A [U C4]
Mode von Lettlands Topdesignerin Asnāte Smeltere, extravagant bis klassisch, nicht billig, aber sehr trendy. *Kaļķu 24*

der Top
ZENTRALMARKT (CENTRĀLTIRGUS) [U D6]
Berge von Obst und Gemüse, exotische Früchte, Brot in zahllosen Sorten, Fisch, Fleisch, Blumen, Gewürze, Honig, Wolle – der Zentralmarkt in den einstigen deutschen Zeppelinhangars am Busbahnhof ist eine Rīgaer Sehenswürdigkeit. *Tgl. 8–18 Uhr* | *Pragas 1*

ÜBERNACHTEN

Vom Fünfsternehotel bis zu Bed & Breakfast und Jugendherberge ist jede Kategorie vertreten. Die komplette Hotellerie unter *www.allhotels.lv*

Mehr als Gemüse: Erlebnis Zentralmarkt

AINAVAS [U C5]
Hinter der schlichten Fassade eines mittelalterlichen Wohnhauses verbirgt sich eins des schicksten Hotels ganz Rīgas. Jedes der 23 Zimmer ist anders eingerichtet, jeweils dem Landschaftsbild über dem Bett entsprechend. *Peldu 23* | *Tel. 67 81 43 16* | *Fax 67 81 43 17* | *www.ainavas.lv* | €€€

CENTRA [U C5]
Kleines Boutique-Hotel in Toplage – modern, minimalistisch und mitten in der Altstadt. *27 Zi.* | *Audēju 1* | *Tel. 67 22 64 41* | *Fax 67 50 32 81* | *www.centra.lv* | €€

HOMESTAY [0]
Das Privatquartier im Haus des netten lettisch-neuseeländischen Paares liegt

idyllisch in der Gartenstadt Mežaparks. *Stokholmas 1 | Tel. 67 55 30 16 | www.homestay.lv* | €

KONVENTA SĒTA [U C5]

Skandinavisch-modernes Interieur im mittelalterlichen Ambiente des historischen Konventhofs. *141 Zi. | Kalēju 9/11 | Tel. 67 08 75 01 | Fax 67 08 75 15 | www.konventa.lv* | €€€

Insider Tipp **KRIŠJĀNIS UND GERTRŪDE** [U F3]

Dieser Bed & Breakfast-Familienbetrieb bietet fünf saubere, gemütliche und günstige Doppelzimmer; und bis ins Zentrum ist es auch nicht weit. *K. Barona 39 | Tel./Fax 67 50 66 02 | www.musbalt.com/hotel* | €€

METROPOLE [U D5]

Rīgas ältestes Stadthotel, nahe der Oper gelegen, hat schöne, durchweg modernisierte und skandinavisch eingerichtete Zimmer. Geblieben ist ein Hauch nostalgischen 1930er-Jahre-Charmes. *38 Zi. | Aspazijas bulv. 36/ 38 | Tel. 67 22 54 11 | Fax 67 21 61 40 | www.metropole.lv* | €€

RADI UN DRAUGI [U C5] Insider Tipp

Das britisch-lettisch gemanagte Hotel „Verwandte und Freunde“ im Speicherviertel empfiehlt sich mit hellen, phantasievoll ausgestatteten Zimmern und einem für die Lage sehr günstigen Preis. Früh buchen! *77 Zi. | Mārstaļu 1 | Tel. 67 82 02 00 | Fax 67 82 02 02 | www.draugi.lv* | €€

REVAL HOTEL LATVIA [U D3]

Das 26-stöckige Hochhaus an der Esplanade wurde aufs Feinste renoviert und gehört seither zu den Tophotels der Stadt. Von der Skyline-Bar (Insider Tipp) unterm Dach genießen Sie den wohl schönsten Blick auf die Altstadt. *382 Zi. | Elisabetes 55 | Tel. 67 77 22 22 | Fax 67 77 22 21 | www.revalhotels.com* | €€€

Viel Platz zum Tanzen: Die riesige Diskothek La Rocca war früher ein Operettenhaus

Insider Tipp

RIGA CITY CAMPING ▶▶ [0]
So nah am Stadtzentrum kann man in kaum einer anderen Hauptstadt mit Zelt oder Wohnwagen unterkommen: Der City-Campingplatz liegt auf der Insel Kīpsala in der Daugava und ist besonders bei deutschen Wohnmobilisten beliebt. *Kīpsalas 8 | Tel. 67 06 50 00 | www.bt1/camping*

VIKTORIJA [U F3]
In diesem Jugendstilhotel haben Sie die Wahl zwischen renovierten Zimmern und solchen, die ihre Veredelung noch vor sich haben. Der Preisunterschied ist deutlich. *36 Zi. | Èaka 55 | Tel. 67 01 41 11 | Fax 67 01 41 40 | www.hotel-viktorija* | €–€€

AM ABEND

BALZAMBARS [U B4]
Den berühmten lettischen Kräuterlikör der zu probieren, sollten Sie auf keinen Fall versäumen. Die gemütliche Kellerbar in Rīgas historischer Jakobskaserne liefert das entsprechende Ambiente und auch die passenden Cocktails dazu. *Torņa 4* | eine *weitere „B-Bar" liegt am Rathausplatz (Ratslaukums 4) | www.balzambars .lv*

LA ROCCA ▶▶ [U D4]
Riesiger Dancespot in einem umgebauten ehemaligen Operettentheater. Techno, bis es hell wird. *Brīvības 96 | 12–6 Uhr | Eintritt 8 Euro | www.larocca.lv*

ORANGE-BAR ▶▶ [U C5]
Kult-Club im Johannishof, zusammen mit der Theaterkneipe „Hamlets" eine Szeneinsel mitten in der Stadt und doch abseits der Touristenströme. *Jāņa sēta 5 | www.orangebar.lv*

PHILHARMONIE [U C4]
In den Sälen der Großen Gilde geben die Lettischen Philharmoniker ihre Heimspiele. *Amatu 6 | Kartenvorverkauf im Wagner-Konzertsaal | Vagnera 4 | 11–19 Uhr | Tel. 67 21 08 17 | www.music.lv/orchestra*

Insider Tipp

PULKVEDIM NEVIENS NERAKSTA ▶▶ [U C5]
Das nach dem Márquez-Roman „Der Oberst hat niemand, der ihm schreibt" benannte Szenelokal ist nach wie vor einer der angesagtesten Clubs der Hauptstadt. Liveacts von Punkrock bis House. Bunt gemischtes Publikum aus Kreativen, Studenten und Geschäftsleuten. *Peldu 26/28 | Mo–Do 12–3, Fr/Sa 12–5, So 16–1 Uhr*

AUSKUNFT

TOURISTENBÜRO (TIC) [U B5]
Schwarzhäupterhaus | Ratslaukums 6 | Tel. 67 03 79 00 | Fax 67 03 79 10 | www.rigatourism.com

Sehr zu empfehlen ist die zweimonatlich aktualisierte Broschüre „Rīga in Your Pocket" (engl.).

ZIELE IN DER UMGEBUNG

ETHNOGRAFISCHES FREILICHTMUSEUM (ETHNOGRĀFISKAIS BRĪVDABAS MUZEJS) ★ [117 F3]
An einem Tag durch ganz Lettland wandern? Im Ethnografischen Museum am Juglas-See 8 km östlich der Innenstadt gelingt das. Über hundert Gebäude aus allen Provinzen wurden für dieses älteste Freilichtmuseum des Baltikums zusammengetragen:

Bauernhöfe und Windmühlen, eine Kirche, eine Dorfschmiede, ein kurisches Fischerdorf. Für deftig altlettische Verpflegung sorgt ein originales Wirtshaus. Im Museumsladen gibt's traditionelles Kunstgewerbe in großer Auswahl. *Tgl. 10–17 Uhr | Brīvības 440*

Mahnmal im ehemaligen KZ Kurtenhof

SALASPILS [117 F4]

„Hinter diesem Tor stöhnt die Erde" mahnt es von der 105 m langen Betonmauer am Eingang des ehemaligen Konzentrationslagers Kurtenhof, in dem die Nazis 1941–44 mehr als 100000 Menschen ermordeten. Die meisten Opfer waren Juden. Eine von Wildrosen überwucherte Mauer erinnert wie ein stummer Schrei an über 7000 Kinder, die hier umkamen. Salaspils liegt 22 km südöstlich von Rīga an der A6 Richtung Jekabpils.

JŪRMALA

[117 E4] ★ **Schier endlos zieht sich der Strand an der Küste 20 km westlich von Rīga hin. Da lag der Name Jūrmala („Strand") nahe, als man 1958 ein Dutzend Fischerdörfer auf der Landzunge zum Kurort vereinte.** Seither sind die einst selbstständigen Dörfer von der Lielupe-Mündung bis Kauguri Ortsteile einer 32 km langen Strandstadt. Große Teile Jūrmalas sind für den Durchgangsverkehr gesperrt. Wenn Sie den Kurort mit dem Auto befahren wollen, müssen Sie eine Tagesmaut von etwa 2 Euro zahlen.

SEHENSWERTES

BULDURI

Im Ortsteil nahe der Lielupe-Mündung erholte sich einst der deutschbaltische Adel. Prachtvolle Villen aus dem 19. Jh. erinnern an diese Zeit. Schöner Strand.

DUBULTI

Dieser Ortsteil liegt an der schmalsten Stelle zwischen Lielupe und Meer, nur 300 m trennen hier Flussufer und Strand.

JĀNIS RAINIS MUSEUM

In Majori steht das einstige Sommerhaus von Jānis Rainis. Lettlands Nationaldichter (1865–1929) verbrachte hier seine letzten Lebensjahre. Heute birgt es ein kleines Gedenkmuseum *Mi–Sa 10–17 Uhr | Jana Pliekšāna 5/7*

JŪRMALA MUSEUM
Auch ein Strandbad schreibt Geschichte. Unterhaltsam Skurriles, etwa über die alten Strandkarren, mit denen sich die Badegäste einst gut verhüllt ins Wasser bringen ließen. *Mi–So 11–17 Uhr | Majori | Tirgoņu 29*

MAJORI
Jūrmalas „Hauptstadt" mit lautem, lebhaftem Strandleben. In der von verspielter Bäderarchitektur gesäumten Fußgängerzone *Jomas*, die quer durch Majori verläuft, reihen sich Restaurants, Cafés und Bars aneinander.

ESSEN & TRINKEN

JŪRAS ZAĶIS
Gemütliche Kneipe im Fischerlook nahe dem Meer im Ortsteil Bulduri. Passend zum Interieur und zum Namen des Lokals („Seehase") gibt es hier leckeren Fisch, zubereitet auf altlettische Art. *Vienibas prosp. 1 | Tel. 67 75 30 05* | €€

ORIENT-SULTANS Insider Tipp
Eher kaukasische denn orientalische Küche, aber es schmeckt und das im Sommer am besten auf der Terrasse.

> BÜCHER & FILME

Geschichte, Geschichten und Schicksale

> **Unsichtbare Schatten** – Menschen auf Orientierungssuche im Umbruch-Lettland der 1990er-Jahre, zwischen Aufstieg und der urbaltischen Sehnsucht nach ländlicher Idylle, zeichnet Gundega Repše in ihrem Roman, einem der meistbeachteten Werke lettischer Gegenwartsliteratur.

> **Hunde von Rīga** – Der spannende Wallander-Roman des schwedischen Krimistars Henning Mankell führt zurück in das düstere Rīga zu Zeiten des Sowjetkollaps.

> **Geschichte des Baltikums** – Von den alten Göttern bis zur Gegenwart schlägt das fundierte Sachbuch des Historikers Alexander Schmidt einen großen historischen Bogen. Lesenswert auch: Michael Garleffs Abriss **Die baltischen Länder** und das Länderporträt **Lettland** von Klemens Ludwig.

> **Der Sonnenthron** – Nationaldichter Jānis Rainis, der „lettische Goethe", hat viele Werke hinterlassen. Dieser Sammelband bietet eine schöne Auswahl seiner Lyrik, dazu viele Fotos und autobiographische Dokumente.

> **Mit Ballschuhen im sibirischen Schnee** – Sandra Kalniete, ehemalige lettische Außenministerin, schildert das erschütternde Schicksal ihrer 1941 nach Russland deportierten Familie.

> **Ist es leicht, jung zu sein?** – Regisseur Juris Podnieks portraitiert 1986 lettische Jugendliche, die nach einem Rockkonzert in einer Kleinstadt bei Rīga einen Zug verwüsten und hart bestraft werden. Der Film wirft Fragen nach Werteverlust und Sinnsuche auf, die seinerzeit in der Sowjetunion hohe Wellen schlugen, über 40 Mio. Menschen sahen ihn.

Jomas 33 | Tel. 67 76 20 82 | www.restoran-orient.lv | €€

ÜBERNACHTEN

Einen kompletten Überblick über Unterkünfte finden Sie unter *www.jurmalatour.lv*.

BALTIC BEACH HOTEL

Das traditionsreiche Kurhaus direkt am Strand von Majori ist vollständig umgebaut und als luxuriöses Resorthotel wieder eröffnet worden. Zum Angebot gehören auch ein Fitnesscenter und ein 4000 m^2 großer Spakomplex mit Kuranwendungen und Massagen. *167 Zi. | Juras 23/25 | Tel. 67 77 14 00 | Fax 67 77 14 10 | www.balticbeach.lv* | €€–€€€

JURMALA SPA

Seine Sowjetvergangenheit ist dem frisch renovierten 11-stöckigen Wellnesshotel im Herzen von Majori zumindest innen nicht mehr anzumerken. Günstige Nebensaison-Preise. *190 Zi. | Majori | Jomas 47 | Tel. 67 78 44 00 | Fax 67 78 44 10 | www.hoteljurmala.lv* | €€

KEMPINGS NEMO

Auf dem nah am Meer gelegenen Platz in Vaivari können Sie mit dem Wohnmobil rasten, ein Zelt aufschlagen oder aber eine Holzhütte mieten. Die sanitären Anlagen sind allerdings sehr schlicht. *Atbalss 1 | Tel. 67 73 23 50 | www.nemo.lv*

KURĽI

Ein freundlich und familiär geführtes Gästehaus in Dubulti, das 16 Apartments in verschiedener Ausstattung von schlicht bis luxuriös vermietet. *Dubultu prosp. 19 | Tel. 67 77 16 06 | Fax 67 77 16 05* | €–€€

VILLA JOMA

Schöner wohnen kann man in Jūrmala eigentlich nicht als in dem wunderbar restaurierten, über hundert Jahre alten Holzhaus an der Promeniermeile von Majori. 16 kleine, aber helle und skandinavisch geprägte Zimmer, freundliches Personal. Im Restaurant hat einer der besten Köche Lettlands das Sagen. *Majori | Jomas 90 | Tel. 67 77 19 99 | Fax 67 77 19 90 | www.villajoma.lv* | €€

AM ABEND

KLUBS X ▶▶

In Jūrmalas angesagtestem Club treten oft populäre Bands auf, auch als Disko beliebt. *Mo–Do 17–24 Uhr, Fr–So 13–6 Uhr | Majori | Konkordijas 13*

KONZERTHALLE DZINTARI ▶▶

Im Konzertsaal in Dzintari, bei schönem Wetter auf der Freilichtbühne, wechseln sich im Sommer Kammerorchester und Popbands ab. *Turaidas 1 | Termine unter www.dzk.lv*

SPORT & FREIZEIT

WASSERPARK NEMO

Jūrmalas Freizeitbad in *Vaivari* mit seinen Riesenrutschen und künstlichen Wellen macht vor allem Kindern Spaß. Ist die Ostsee zu kalt? Die Nemopools sind beheizt. *Mai–Okt. tgl. 10–20 Uhr | Atbalss 1 | www.nemo.lv*

STRAND

Um den Strand dreht sich alles im Seebad Jūrmala: feinsandig, schneeweiß, 30 Kilometer lang. Da finden sich selbst mitten in der Hochsaison noch ruhige Abschnitte, wenn bunter Strandtrubel wie in Majori nicht so Ihr Fall ist.

Über Jūrmala weht die Blaue Flagge für geprüft gute Wasserqualität. Um moderne Sanitäreinrichtungen (Duschen/WC) ist es am Strand allerdings noch schlecht bestellt.

mondäne Ortsteil der lettischen Riviera, berühmt geworden durch schwefelhaltige Heilquellen. Nachdem Zar Nikolaus I. das kleine Fischerdorf 1838 zum Kurort erhoben hatte, entstanden noble Villen und ein englischer Kurpark.

Rings um den Ort erstreckt sich auf 380 km² der 1997 gegründete Ķemeri-Nationalpark [117 E3–4], ein einzigartiges Küstenreservat aus Hochmooren, Schwefelsümpfen, Lagunen und Binnendünen. Zwei Bohlenwege führen durch diese einsame Moorwildnis nur wenige Kilometer vom Strandtrubel Jūrmalas entfernt. Mit Glück sehen Sie einen der seltenen Schwarzstörche. Nationalparkbesucherzentrum: *Mai–Okt. tgl. 9–18 Uhr | Meža māja | www.kemeri.gov.lv*

Insider Tipp

Für kleine Wasserfrösche nur das Beste: 30 km feiner Strand und klares Meer in Jūrmala

AUSKUNFT

Jomas 42 (in Dzintari) | Tel. 67 76 42 76 | Fax 67 76 46 72 | www.jurmala.lv. Hilfreich ist auch das Heft „Jūrmala In Your Pocket" mit Veranstaltungs- und anderen Tipps.

ZIEL IN DER UMGEBUNG

ĶEMERI [117 E4]

Ein wenig abseits der Küste am westlichen Rand Jūrmalas liegt dieser

> HÜGEL, WEIN UND WEISSE STRÄNDE

Das alte Kurland fasziniert mit einer Mischung aus bewahrter Geschichte, rauer Küstennatur und lebendiger Stadtkultur

> Kurzeme, früher Kurland, ist die westlichste der historischen Provinzen Lettlands. Sie grenzt an Litauen und die Ostsee und kam selbst für die meisten Letten jahrzehntelang einer *terra incognita* gleich: Küste und große Teile des Hinterlandes waren Militärsperrgebiet.

Immer noch wirkt Kurzeme still und abgelegen, ein weites Mosaik aus Hügeln, Kornfeldern und Wäldern, dazwischen Gutsdörfer und alte, nostalgisch blitzende Provinzstädtchen wie Talsi und Kuldīga. An der kurländischen Küste liegen die beiden bedeutendsten Hafenstädte Lettlands: Liepāja, als sowjetische U-Boot-Basis bis 1990 gesperrte Stadt, und Ventspils, größter Ölhafen des Baltikums und eines der wirtschaftlichen Zentren Lettlands. Trotz ihrer militärischen und industriellen Erblast überraschen beide Städte mit viel Charme, Vitalität – und traumhaften Sandstränden.

Bild: An der Steilküste von Jūrkalne zwischen Ventspils und Liepāja

KURZEME

KULDĪGA

[116 B3] **Den Beinamen „Perle der Kurzeme“ trägt die malerische Kleinstadt (13000 Ew.) an der Venta nicht von ungefähr.** Nirgends sonst in Lettland blieb ein derart geschlossenes Ensemble historischer Holzhäuser des 18. und 19. Jhs. erhalten, und es wundert nicht, dass Kurlands älteste Stadt schon oft Drehort historischer Filme war. Ordensritter gründeten das einstige Goldingen vor 650 Jahren, doch ihre große Blüte erlebte die Hansestadt im 16. und 17. Jh., als hier der kurländische Herzog residierte. Was blieb, ist Nostalgie.

SEHENSWERTES

DREIFALTIGKEITSKIRCHE (SV. TRĪSVIENĪBAS BAZNĪCA)

Von außen Renaissance und eher schlicht geraten, überrascht die 1640 erbaute Kirche innen mit der üppigen

Pracht von Barock und Rokoko, besonders schön sind der Beichtstuhl und der Altar, den Zar Alexander stiftete. *Raiņa 10*

Den schönsten Blick auf Kuldīgas Wasserfall bietet die Backsteinbrücke

HISTORISCHER STADTKERN ★

Ockergelb, blassblau, lindgrün und ein bisschen verwittert lehnen die hölzernen Kaufmanns- und Handwerkerhäuschen aus dem 18. und 19. Jh. aneinander, ein Bild wie aus der Zeit gefallen. In der *Baznīcas*, die vom Rathausplatz nach Norden abzweigt, lohnen die herzogliche Hofapotheke (Nr. 10) und das älteste Holzhaus Kuldīgas (Nr. 7), das Anwesen eines deutschen Kaufmanns aus dem Jahr 1670, eine Besichtigung.

MUSEUM FÜR HEIMATKUNDE UND KUNST (NOVADPĒTNIECIBAS MUZEJS)

Regionalgeschichte, die das Museumsgebäude mit einschließt: Es stand im Jahr 1900 als Pavillon auf der Pariser Weltausstellung. *Di–So 11–17 Uhr | Pils 5, am Wasserfall*

VENTAS RUMBA

Die einen nennen es Stromschnelle, die anderen sagen Wasserfall. Wie auch immer: Über die ganze Flussbreite von etwa 250 m ergießt sich die Venta mit imposantem Rauschen 2 m in die Tiefe. Den schönsten Blick auf die Kaskade hat man von der 1874 erbauten Brücke, einem der längsten Backsteinviadukte Europas (166 m) und vom Burghügel neben dem Museum, wo auch ein Skulpturengarten der lettischen Bildhauerin Līvija Rezevska sehenswert ist.

ESSEN & TRINKEN

SERRATA

Die kleine Pizzeria in der Altstadt Kuldīgas ist vor allem bei jungen Leuten beliebt, auch ihrer günstigen Preise wegen. *Liepājas 18 | Tel. 63 32 34 84* | €

STENDER'S

Rustikales Restaurant in einem alten hölzernen Kornspeicher mit schöner

Sommerterrasse, lettische Hausmannskost. Lecker sind auch die Pfannkuchen. *Liepājas 3 | Tel. 63 32 27 03 | €€*

ÜBERNACHTEN

ALEKSIS

Die etwas unscheinbare Pension in der Altstadt bietet einfache, aber gemütliche und saubere Zimmer. *12 Zi. | Pasta 5 | Tel./Fax 63 32 02 88 | €€–€€€*

JĀNA NAMS

Das gepflegte und komfortable kleine Hotel gilt als das beste der Stadt. Familiäre Atmosphäre, im hauseigenen Restaurant wird man gut und günstig satt. *18 Zi. | Liepājas 36 | Tel./Fax 63 32 34 56 | €€*

AUSKUNFT

Baznīcas iela 5 | Tel. 63 32 22 59 | www.kuldiga.lv

ZIELE IN DER UMGEBUNG

ĒDOLE [116 B3]

Schloss Ēdole 15 km westlich von Kuldīga ist ein verwunschener, sagenumwobener Ort, an dem es nachts kräftig spuken soll. Kein Wunder bei sieben Jahrhunderten bewegter Geschichte, in der es auch an Mord und Totschlag nicht mangelte. Gegründet wurde das einzige noch bewohnte Schloss Kurzemes 1265 als Ordensburg. *Besichtigungen tgl. 10–18 Uhr*

KANDAVA ★ [117 D3]

Den schönsten Blick über das Urstromtal der Abava und die Hügel der „Kurzemes Šveice", der Kurländischen Schweiz, haben Sie von Kandava, einem Städtchen zwischen Tukums und Talsi 50 km östlich von Kuldīga. Insider preisen die mal muntere, mal gemächliche Abava als eines der schönsten Paddelreviere Lettlands. Im Touristenzentrum *Plosti* [116 C3] 9 km außerhalb an der Straße nach Sabile verleiht man Kanus; Reviertipps und auf Wunsch ortskundige Begleitung gibt's dazu. Plosti hat auch ein Restaurant und einen Campingplatz *(Tūrisma un atpūtas centrs | Tel. 63 12 32 37 | www.plosti.lv)*. Das Städtchen selbst *(www.kandava.lv)* hat eine Ge-

MARCO POLO HIGHLIGHTS

★ Historischer Stadtkern
In Kuldīgas hölzernen Häuserzeilen wohnt die Nostalgie (Seite 48)

★ Dreifaltigkeitskirche
Liepāja birgt eine Perle europäischer Orgelbaukunst (Seite 51)

★ Ordensburg
In Ventspils kehrt eine Festung des Mittelalters in die Zukunft zurück (Seite 57)

★ Slītere-Nationalpark
Wo Kurlands Strand zur Wildnis wird (Seite 59)

★ Freilichtmuseum der Küstenfischer
Alles, was ein echter Fischer aus Ventspils braucht (Seite 56)

★ Kandava
Das Urstromtal der Abava und die Kurländische Schweiz im Blick (Seite 49)

schichte, die tief in die heidnische Zeit zurückreicht: Lange bevor die deutschen Ordensritter hier aufkreuzten, war Kandava Hauptstadt des kurischen Fürstentums *Vanema*. Ein Burgberg blieb als Zeuge erhalten, das Heimatmuseum zeigt archäologische Funde vom Hügel. Ansonsten sehenswert: die beschauliche historische Altstadt und die Brücke über die Abava, Lettlands älteste Steinbrücke.

SABILE [116 C3]

Insider Tipp

Ein Weinberg *(Vina kalns)* hat das Städtchen 40 km östlich von Kuldīga berühmt gemacht: Laut Guinnessbuch der Rekorde ist es der nördlichste der Welt. Wein wird hier schon seit dem Mittelalter angebaut. Die Ernte der tausend Rebstöcke reicht für 150 Flaschen (die allerdings nicht frei verkauft werden) und ein großes Weinfest, das Sabile alljährlich Ende Juli feiert *(www.sabile.lv)*.

USMAS-SEE [116 C3]

Der größte und schönste See Kurzemes 35 km nordöstlich Kuldīgas ist ein beliebtes Ausflugsziel mit Badestränden, Campingplätzen und einem Yachthafen. Angler preisen den Fischreichtum. In den tiefen Wäldern ringsum wachsen Beeren und Pilze. Eine der neun Inseln des Sees, die Moritzinsel *(Moricsala)*, steht seit 1912 unter Naturschutz, der Eichenurwald des ältesten Naturreservats Lettlands darf nicht betreten werden *(www.usmas.lv)*.

LIEPĀJA

[116 A5] Lettlands drittgrößte Stadt (96 000 Ew.) war als sowjetische Marinebasis 45 Jahre lang für Ausländer und Einheimische ohne Passierschein tabu. Erholt hat sich das alte Libau von den Folgen der Abschottung noch nicht, da braucht es mehr als nur frische Farbe. Einige der schönen Gründerzeithäuser sind schon restauriert, auch die Altstadt beginnt sich herauszuputzen. Landesweit berühmt ist Liepāja für sein Theater und seine agile Kulturszene mit legendären Musikfestivals. Auch der Tourismus entdeckt die Hafenstadt wieder. Vor allem des Premiumstrandes wegen, der hier immer vor der Haustür liegt.

SEHENSWERTES

ALTSTADT (VECLIEPĀJA)

Ihre Lebensader ist die *Lielā iela* (Große Straße), gesäumt von stattlichen Bürgerhäusern in Jugendstil und Neoklassizismus. Viele Fassaden wurden schon restauriert, seit die Stadt aus dem Dornröschenschlaf erwachte. Das spürt man auch in der *Tirgoņu*, Liepājas munterer Fußgängerzone, wo Cafés, Boutiquen und Kunstgewerbeläden zum Bummeln einladen. In der *Zivju* stehen noch einige mittelalterliche Speicher Libaus, und in der *Kungu iela* blieb das „Peterhäuschen" (Nr. 24) erhalten, in dem einst Zar Peter wohnte.

ANNAKIRCHE (SV. ANNAS BAZNĪCA)

Ein Meister barocker Schnitzkunst, Nicolaus Soeffrens, schuf im 17. Jh. den prachtvoll verzierten Altar mit dem dreistöckigen, zehn Meter hohen Aufsatz. Rauschender Hochbarock in der sonst recht schlichten evangelischen Kirche am *Kuršu laukums* (Kurenplatz), dem historischen Zentrum Liepājas.

DREIFALTIGKEITSKIRCHE (SV. TRĪSVIENĪBAS BAZNĪCA) ★

Die 1758 von der deutschen Gemeinde erbaute dreischiffige Hallenkirche betört mit ihrem prächtigen Sandsteinzierrat und einem Wunder des Orgelbaus. Das im Jahr 1855 geschaffene viermanualige Instrument zählt mit seinen 131 Registern und über 7000 Pfeifen zu den größten und bedeutendsten mechanischen Orgeln der Welt. *Lielā iela*

JŪRMALA-PARK

Auf der Open-Air-Bühne *Pūt vējiņi* („Weh, Windchen") im Jūrmala-Park weht es im August ganz kräftig – beim *Liepājas Dzintars*, dem ältesten und berühmtesten Rockfestival Lettlands *(Konzerttermine unter www.liepajasdzintars.lv)*. Der 1870 längs der Küste angelegte weitläufige Strandpark ist mit seinen seltenen Gehölzen, der alten Badeanstalt und dem Leuchtturm ein Kleinod der Stadt am Meer.

KRIEGSHAFEN (KAROSTA)

Seinen einstigen Schrecken hat der Kriegshafen inzwischen verloren. Nun dümpelt er als Symbol der Zeitgeschichte vor sich hin, den Stadtteil *Jaunliepāja* mit krassen Kontrasten prägend: Zwischen den Hafenanlagen aus zaristischer Zeit mit ihren Festungsruinen, den Offiziersvillen und der orthodoxen Nikolaus-Kirche verrotten die Plattenblocks und Hinterlassenschaften der Sowjetmarine.

Ein besonders düsterer Ort ist das ehemalige Marinegefängnis *(Karostas cietums)* in der *Invalidū iela 4 (www.karostascietums.lv)*. Dieser

In weiß-goldener Barockpracht betete einst die deutsche Gemeinde Liepājas

Bau diente gleich drei Diktaturen: 1905 buchtete der Zar darin Teilnehmer der Matrosenaufstände ein. Die deutsche Wehrmacht ließ dort Deserteure hinrichten; nach 1945 übernahm der KGB die Schreckensherrschaft. Seit 1997 ist das Gefängnis Gedenkstätte.

> LOW BUDGET

- Auch ohne Schnee hat man im Wintersportzentrum *Zviedru cepure* am Rand des Abava-Tals seinen Spaß: auf der 300 m langen Sommerrodelbahn. Alles, was man zum Schlittenfahren braucht, kann man günstig ausleihen. *3 km südlich von Sabile an der Straße nach Matkule* | *www.zviedrucepure.lv*
- In seinem Haus in Sabile hat Alfons Elert kuriose Dinge zusammengetragen: Zeichnungen, Handarbeiten, Hausrat – und mehr als 2000 Paar Socken. Der Eintritt in dieses „Museum" ist frei – schräge Spenden werden aber gern genommen, z. B. ein paar originelle Strümpfe. *Blaumaņa 4* | *10–19 Uhr*
- Im einstigen Marinegefängnis *(Karostas Cietums)* in Liepāja können Besucher sowjetischen Knastalltag so echt nacherleben, dass die meisten froh sind, wenn der Spuk nach einer Stunde wieder vorbei ist. Keinesfalls Kinder mitnehmen! Die Palette reicht vom simplen Rundgang bis zur Zweistunden-Show „Hinter Gittern" mit Verhör. Manche übernachten sogar in den Zellen – unschlagbar günstig, aber ziemlich makaber. *Invalidu 4* | *Tel. 63 48 08 08* | *www.karostascietums.lv*

MUSEUM FÜR GESCHICHTE UND KUNST (VĒSTURES UN MĀZLAS MUZEJS)

Wer sich für das alte Kurland interessiert, kann in dem im Jahr 1912 gegründeten Museum viele Originaldokumente ansehen. Schöne Bernstein-Stücke. *Mi–So 11–18 Uhr* | *Kūrmājas pr. 16*

ESSEN & TRINKEN

PASTNIEKA MĀJA

Liepājas ausgefallenstes Lokal mit herrlich extravaganter Einrichtung. Vorzügliche Küche, abends oft Livemusik. Im Sommer sitzt es sich angenehm im Garten. *Brīvzemnicka 53* | *Tel. 63 40 75 21* | €€€

PIE KRUSTMATES AGATES

Rustikal und gemütlich. „Bei Tante Agate" wird traditionell lettisch gekocht, und das lecker und preiswert. *Zivju 4/6* | *Tel. 63 48 15 55* | €

VECAIS KAPITEINIS

Schon das maritime Interieur dieses gediegenen Restaurants („Alter Kapitän") in einem historischen Libauer Fachwerkhaus zeigt, welcher Kurs in der Kombüse anliegt: Hier speist man Fisch und Meeresfrüchte. Die Küche ist von leicht italienischer Note und vor allem eines: vorzüglich. *Dubelsteina 14* | *Tel. 63 42 55 22* | €€

EINKAUFEN

MARKT (PETERTIRGUS)

Die alten Markthallen lohnen schon ihres pulsierenden Lebens wegen einen Besuch. Gemüse, Käse, Fisch, Fleisch, Honig – ein Abenteuer für die Sinne. *Kuršu iela, an der Joseph-Kathedrale*

ÜBERNACHTEN

AMRITA

Das elegante Hotel am Handelskanal bietet Viersterneluxus und das beste Restaurant der Stadt: Die exzellente Küche im *Oscars (€€€)* wartet mit lettischen und internationalen Gerichten auf. *82 Zi. | Rīgas 7/9 | Tel. 63 48 08 80 | Fax 63 48 04 44 | www.amrita.lv | €€€*

FEJA

Gästehaus in ruhiger Lage nahe dem Jūrmala-Park mit großen schönen Zimmern. Das Hotelrestaurant *(€€€)* zählt zu den nobelsten Lokalen der Stadt. *7 Zi. | Kurzemes 9 | Tel. 63 42 26 88 | Fax 63 48 14 47 | www.feja.lv | €€*

FONTAINE

In diesem besonders ausgefallenen Hotel ist jedes der Zimmer ein absolutes Unikat und wie das ganze Haus mit lauter Devotionalien der Rockmusik und anderem schrägen bis kitschigen Retrokrempel voll gestellt. Die Rezeption steht übrigens in einem Trödelladen. *22 Zi. | Jūras 24 | Tel. 63 42 09 56 | www.fontaine.lv | €€*

Bunt, überbordend, beliebt: Liepājas Marktstände dehnen sich bis vor die alten Hallen aus

AM ABEND

ROCK CAFÉ PABLO ▶▶

Das erste Lokal des Landes im Gefolge der legendären Hard Rock Cafés steht hier nicht von ungefähr: Liepāja ist Lettlands Hauptstadt der Rockmusik. Und um die, einheimisch und international, dreht sich alles hinter der geschwungenen Glasfassade von „Latvias 1st Rock Café“, das auch als Pablo firmiert und am besten als Mix aus Museum, Restaurant und Bar zu beschreiben ist.

Viele Stars der lettischen Rockszene stifteten persönliche Sachen für die Einrichtung. Im Sommer rund um die Uhr geöffnet, fast jeden Abend gibt es Livemusik oder Disko. Und gut essen kann man hier auch noch. *Stendera 18/20 | Tel. 63 42 67 24 | www.pablo.lv | €€*

FREIZEIT & SPORT

BOWLING

Das große Freizeitcenter „Dzintara boulings" im Jurmala-Park besitzt sechs Bowling-Bahnen, Billard und dazu noch eine große Kinderspielzone – genau das Richtige für einen kühlen Urlaubstag. *Tgl. 12–24 Uhr | Peldu 66*

RADFAHREN

Die ruhige, flache Umgebung von Liepāja ist wie geschaffen zum Radwandern. *Fahrradverleih: Velo | Kungu 20 | Tel. 63 42 44 24*

WINDSURFEN ▶▶

Kurzemes Küste mit ihrer steilen Brandung ist das Mekka der lettischen Wind- und Kitesurferszene. Wer Anschluss sucht oder ein Brett ausleihen will: *Surfclub Rietumkrast* („Westküste") | *Container am Strand | Katedrales 15 | Tel. 63 49 94 90 | www.rietumkrasts.lv*

STRAND

Der Strand von Liepāja gilt als der feinste im Baltikum. Nur wenige Minuten zu Fuß vom Stadtzentrum entfernt beginnt das viele Kilometer lange Badeparadies, über dem die begehrte Blaue Flagge weht: Das Wasser ist hier an der offenen Ostsee noch sauber.

AUSKUNFT

Lielā 11 | im Altstadt-Hotel Līva | Tel./Fax 63 48 08 08 | www.liepaja.lv

ZIELE IN DER UMGEBUNG

BERNĀTI [116 A5]

Insider Tipp

Das alte Fischerdorf, 15 km südlich von Liepāja, markiert Lettlands westlichsten Punkt und hat einen der schönsten Strände Kurzemes, endlos gesäumt von Kiefernwäldern und wildromantischen Naturdünen, die in Richtung Süden immer weiter ansteigen und bei Jūrmalciems fast 40 m Höhe erreichen.

NĪCA [116 A6]

Wer modernen Hotelkomfort mit der Stille baltischer Küstennatur verbinden möchte, ist in Nīca, 20 km südlich, richtig. In dem kleinen Dorf an der A 11 in Richtung Klaipeda/

> GREAT COURLAND BAY

Kurland besaß einst sogar eigene Kolonien

In der lettischen Geschichte ging Kurland lange Zeit eigene Wege. Nach der Auflösung des Ordensstaates 1455 unter polnische Lehenshoheit gerutscht, betrieb das nun weltliche Herzogtum Kurland-Semgallen eine ziemlich selbstständige Politik, baute seine Wirtschaftsbeziehungen nach Übersee aus und hatte eine Zeit lang sogar eigene Kolonien: einen Teil Gambias und die Karibikinsel Tobago, auf der noch heute die „Great Courland Bay" an die Blütezeit des baltischen Herzogtums erinnert.

Litauen gibt es im *Motel Nīcava (6 Zi. | Liepājas raj. | Nicas pag. | Tel./Fax 63 48 63 79 | www.nicava.lv | €€)* eine freundliche Unterkunft, und bis zur Ostsee mit ihrem feinen Strand und den hier höchsten Naturdünen der lettischen Küste (bei Jūrmalciems) ist es auch nicht weit.

Ein schöner Anblick, aber halten Sie Abstand: Die Pferde am Papes-See sind wirklich wild

PAPES-SEE [116 A6]

Regenbrachvogel, Zwergrohrdommel, Goldregenpfeifer: Schon die Namen der Vogelarten, die am Papes-See 35 km südlich von Liepāja nisten, klingen vielversprechend. Die durch Verlandung entstandene Binnenlagune zählt zu den kostbarsten Ökosystemen Lettlands und den Brennpunkten des eurasischen Vogelzugs. Besucher können das einzigartige Naturschutzgebiet von zwei Beobachtungstürmen aus überblicken.

Mit ein wenig Glück entdecken Sie auch einige der Wildpferde, die im Jahr 1999 am Ostufer des Sees angesiedelt wurden, um die charakteristischen Salzwiesen kurz zu halten. Nähern sollten Sie sich dem Wildpferdegehege aber nicht allein, sondern nur in Begleitung eines Führers. Insider Tipp *WWF-Infocenter Haus der Natur in Pape | März–Okt. tgl. 10–18 Uhr | Tel. 63 49 43 35 | www.wwf.lv*

VENTSPILS

[116 B2] Als größter Erdölhafen Lettlands und Umschlagplatz für Kalisalz hat sich Ventspils (47 000 Ew.) den wenig schmei-

chelhaften Ruf einer tristen Industriestadt erworben. Umso mehr überraschen die frischen Farben und der Charme der restaurierten Altstadt.

Wie ein griechischer Tempel: die evangelische Nikolausirche in Ventspils

Auch der Strand ist vom Feinsten, für die Wasserqualität spricht die Blaue Flagge. Ventspils verdient gut am russischen Öl und investierte in den letzten Jahren in den Umweltschutz.

SEHENSWERTES

FREILICHTMUSEUM DER KÜSTENFISCHER (VENTSPILS JŪRAS ZVEJNIECĪBAS BRĪVDABAS MUZEJS) ★

Boote und Gerätschaften, Reusen, Netze, Fischerkaten, eine Windmühle und was sonst alles mit dem Leben lettischer Fischer zu tun hat, zeigt diese sehenswerte Ausstellung. Von Mai bis September bummelt an den Wochenenden eine historische Schmalspurbahn über das Gelände des Freilichtmuseums am Strandpark. Einzigartig ist die große Sammlung historischer Anker. *Tgl. 11–18 Uhr | Riņķu 2*

HAFENPROMENADE

Die alte Speicherstraße *Ostas* zwischen Altstadt und Hafen hat sich in den letzten Jahren zu einer schmucken Promenade gemausert und ist nun Ventspils' Flaniermeile Nr. 1. Sie können hier wunderbar bummeln und dabei das Treiben im Hafen beobachten. In westlicher Richtung kommen Sie dabei am altertümlichen Stadtteil *Ostgals* vorbei, der geprägt ist von Holzhäusern und Pflasterstraßen. Vor dort aus ist es, vorbei am Yachthafen, nicht mehr weit bis zur Südmole *(Dienvidu mols)*, dem beliebten Ziel vieler Spaziergänger. An Sommerabenden zieht es Romantiker und Verliebte hierher, denn nirgends in der Stadt ist der Sonnenuntergang schöner zu sehen. *Ostas iela*

NIKOLAUSKIRCHE (SV. NIKOLAS BAZNĪCA)

Mit dem weißen, klassizistischen Säulenportikus erinnert die schöne evangelische Nikolauskirche an einen griechischen Tempel. *Baznīcas iela 6*

ORDENSBURG (PILS) ★

Ventspils bedeutet „Burg an der Venta" und einen Besuch der Ordensfestung von 1290 sollten Sie nicht versäumen. Sie ist gerade aufwändig restauriert worden und nun wieder stolzes Wahrzeichen der Stadt. Drinnen gibt's ein nettes Café und ein sehenswertes Museum, in dem eine landesweit einzigartige multimediale Ausstellung über die Geschichte des Baltikums informiert. *Di–So 9–18 Uhr | Jāna 17 | www.ventspilsmuzejs.lv*

RATHAUSPLATZ (RĀTSLAUKUMS)

Vom anmutigen Rathausplatz im Herzen der Altstadt aus liegt alles nahe: der Markt, die Burg und kopfsteingepflasterte Gassen.

STRANDPARK

Hinter den Dünen südlich vom Yachthafen erstreckt sich der großzügig angelegte Strandpark. Auf dem ▶▶ Podium im Zentrum des Parks finden im Sommer nahezu jedes Wochenende Veranstaltungen statt – vom Sängerfest bis zum Rockkonzert.

ESSEN & TRINKEN

LIVONIJA

Restaurant in der Nähe der Burg mit guter Küche, großen Portionen und

> BLOGS & PODCASTS

Gute Tagebücher und Files im Internet

> *www.qype.com/lv* – Hier schreiben Leute, die Lettland bereisten oder dort zu Hause sind, über ihre Lieblingsplätze. Ob angesagter Club, gemütliche Kneipe oder einfach schöner Aussichtpunkt – tolle, aktuelle und vor allem sehr persönliche Tipps. Und zwar nicht nur für Rīga

> *www.rigablog.de* – Warum reichen Thermometer in Lettland bis minus 45 Grad? Was hat lettisches Geld mit der „guten alten D-Mark" gemein? Wie feiern lettische Studenten eine Party? Solchen und anderen gewichtigen Fragen geht ein in Rīga lebender junger Deutscher in seinem Weblog auf den Grund. Alltagserlebtes, locker und unterhaltsam

> *http://lettland.blogspot.com* – Sehr informativer Themenmix von Sängerfesten bis zu News aus der lettischen Politik, mit Links zu Baltikum-Blogs und aktuellen Literatur- und Veranstaltungstipps

> *http://reisecast.podspot.de* – Ein Wochenende in Rīga: Dieser interessante Reisebericht aus der Metropole des Baltikums ist mit vielen schönen Bildern genau das Richtige zur Einstimmung.

> *http://ipod.wcities.com/city/riga* – Rīga-Tipps: Konzerte, Veranstaltungen, Shopping, die neuesten Bars und Sehenswertes zum Download auf den Ipod

> *http://baltikum.podspot.de/rss* – 24 kurze Episoden stellen in Form eines Adventskalenders ungewöhnliche und traditionelle Bräuche, Lieder und Speisen auch aus Lettland vor.

Für den Inhalt der Blogs & Podcasts übernimmt die MARCO POLO Redaktion keine Verantwortung.

schöner Auswahl an Fischgerichten. *Kuldīgas 13 | Tel. 63 62 22 87 | €€*

MELNAIS SIVĒNS

Diese stilvolle Restaurant serviert seine Gerichte im Keller der Ordensburg. *Jāņa 17 | Tel. 63 62 23 96 | www.sarkans.lv | €€*

ÜBERNACHTEN

DZINTARJŪRA

Hinter der wenig einladenden Fassade erwartet Sie ein Mittelklassehotel mit durchschnittlichen, z. T. renovierten, etwas eigenartig möblierten Zimmern und hauseigenem Restaurant *(€€)*. Günstige Lage mitten in der Altstadt. *69 Zi. | Ganību 26 | Tel./Fax 63 62 27 19 | www.dzintarjura.lv | €€*

PIEJŪRAS KEMPINGS

Neben dem Strandpark liegt Ventspils neuer und komfortabler Campingplatz, auf dem Sie zelten, mit Ihrem Wohnmobil parken oder auch eine Hütte mieten können. *Vasarnķīcu 56 | Tel. 63 62 79 25 | Fax 63 62 79 91 | www.camping.ventspils.lv*

VILNIS

Modernes Hotel mit schönen Zimmern, allerdings ziemlich teuer und etwas abseits am rechten Ufer der Venta gelegen. *53 Zi. | Talsu 5 | Tel. 63 66 88 80 | Fax 63 66 50 54 | www.vilnis.lv | €€€*

AM ABEND

BARS KAPTEINIS ▶▶

Wer trifft sich wohl in dieser Kneipe direkt am Yachthafen auf ein Bier? Klar, die Ostseeskipper und ihre Crews. Landratten sind auch willkommen. Wer hört sich sonst das Seemannsgarn an? *Mednu 40 | Tel. 63 62 85 74 | €*

Profitiert von seiner Vergangenheit als Sperrgebiet: der Slītere-Nationalpark

SPORT & FREIZEIT

HAFENRUNDFAHRT

Im geschäftigen Ölhafen dreht im Sommer täglich sechs- bis siebenmal das kleine Fahrgastschiff „Hercogs Jēkabs“ seine Runden. Die interessante Tour dauert eine Dreiviertelstunde und kostet einen Euro pro Person. Anleger: *Ostas iela/Ecke Tirgus | Tel. 63 62 25 86*

SOMMERFESTE

Ob Meeresfest, Blumenteppichfestival oder die Handwerkertage – im Sommer ist in Ventspils an vielen Wochenenden etwas los. Aktuelle Infos gibt es bei der Touristenauskunft.

STRAND

Der Strand von Ventspils ist so weiß und feinsandig wie fast überall an Kurzemes Küsten, und trotz der nahen Industrieanlagen ist das Wasser sehr sauber.

AUSKUNFT

Tirgus iela 7 | Tel. 63 62 22 63 | Fax 63 60 76 65 | Exkursionsbüro im alten Rathaus | Annas iela 13 | Tel. 63 62 47 77 | www.tourism.ventspils.lv

ZIELE IN DER UMGEBUNG

LIVENDÖRFER [116 B–C 1–2]

An der einsamen Küste zwischen Ventspils und Kolkasrags leben in sechs ethnografisch geschützten Fischerdörfern die letzten Nachfahren der Liven, der kleinsten ethnischen Minderheit Lettlands. Kulturelles Zentrum ist Mazirbe [116 C1], 60 km nordöstlich von Ventspils. Dort wird alljährlich, immer am ersten Sonnabend im August, das livische Volksfest gefeiert. Dann wehen überall die Nationalfarben Grün-Weiß-Blau, und man kann die schönen Trachten der Liven bewundern.

RADIOTELESKOP IRBENE [116 B1]

Zu Sowjetzeiten gehörten die riesigen Radioteleskope von Irbene, 35 km nordöstlich, zu den bestgehüteten Geheimnissen Kurlands. Die beiden Megaschüsseln, eine ist mit 32 m Durchmesser das achtgrößte Teleskop der Welt, sind immer noch in Betrieb. Sie dienen nun der lettischen Akademie der Wissenschaften. Irbene liegt an der P 124 von Ventspils in Richtung Kap Kolka *(auf das Schild „Irbenes radioteleskops“ achten).*

SLĪTERE-NATIONALPARK ★ [116 C1]

Unter Naturschutz steht die Nordspitze Kurzemes um das raue Kap Kolkas schon seit 1921, doch erst in der langen Isolation als Militärsperrgebiet entwickelte sich hier der einzigartige Küstenurwald, der den Kern des Slītere-Nationalparks bildet.

Wölfe und Luchse leben hier, in den alten Kiefern horsten Seeadler. Teile des 160 km² großen Reservats dürfen nur in Begleitung eines Führers betreten werden. Erdgeschichtliche Besonderheiten des Parks sind seine Dünenketten *(kangari)* und die bis zu 50 m hohen Blauen Berge *(Zilie kalni)*, die die Uferlinie des Baltischen Eissees markieren. Am Kolkasrags sind noch Reste eines alten Leuchtturms zu sehen. „Strand der zwei Meere“ nennen die Einheimischen die einsame Spitze, an der Ostsee und Rīgaer Bucht zusammenstoßen. *Nationalparkzentrum Dundaga tgl. 10–18 Uhr | www.slitere.gov.lv*

> IM LAND DER BLAUEN SEEN

Lettlands Südosten birgt eine bezaubernde Wasserlandschaft – doch vom Tourismus ist Latgale noch fast gänzlich unberührt

> Lettlands Südosten liegt weit abseits touristischer Trampelpfade. Je weiter man in die geschichtsträchtige Provinz Latgale (früher *Lettgallen*) vordringt, desto einsamer wird das Land. Doch die Reise lohnt.

Hinter Daugavpils und Rēzekne liegen einmalige Naturlandschaften: die Seenplatte, von Rīga bis Ventspils als das „Land der blauen Seen" berühmt. Zwischen den sanften Hügeln des Lettgaller Hochlandes reiht sich ein See an den anderen, gesäumt von Schilfgürteln, Mischwäldern und Wiesen. Ein Paradies für Wanderer, Kanufahrer, Angler und Menschen, die sich in der Natur gern eigene Wege suchen. Von den wenigen Städten abgesehen, ist die an Litauen, Russland und Weißrussland grenzende Region nur dünn besiedelt. In den winzigen Kleinbauerndörfern gehören Traditionen und alte Bräuche bis heute ebenso zur Alltagskul-

Bild: Orthodoxe Kirche in latgalischer Landschaft

LATGALE

tur wie fromme Volksgläubigkeit. Die meisten Menschen in Latgale sind streng katholisch. Das hat auch historische Gründe: Über 200 Jahre gehörte die Provinz zu Polen.

DAUGAVPILS

[120 C4–5] **So viele Namen Daugavpils in seiner Geschichte trug, so wechselvoll war auch sein Schicksal: Für die deutschen Ordensritter, die die Stadt 1225 gründeten, hieß sie Dünaburg, die Polen nannten sie Dvinsk, unter den Zaren, die Lettgallen ab 1772 ihrem Reich einverleibten, wurde Borisoglebsk daraus.** Umkämpft war Daugavpils im Wirbel der Machtwechsel viele Male, der Zweite Weltkrieg hinterließ eine fast vollständige Zerstörung. Das sieht man ihm an: Sowjetische Wohnblocks prägen Lettlands zweitgrößte Stadt (130 000 Ew.), die Moskau nach 1945 zum Industriezentrum ausbaute und in der es so viele Fremdarbeiter ansiedelte, dass heute sieben von zehn Einwohnern Russen sind. Auch durch die breiten, schachbrettartig angelegten Straßenzüge der vom Klassizismus des frühen 19. Jhs. geprägten Altstadt wirkt Daugavpils

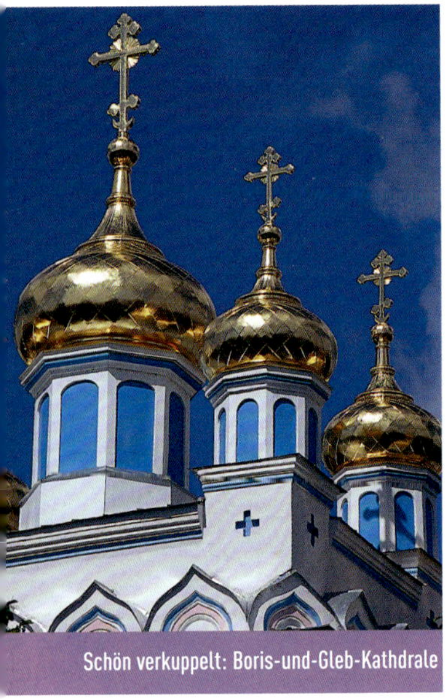

Schön verkuppelt: Boris-und-Gleb-Kathdrale

sehr russisch. Die Stadt bietet sich v. a. auch als Stützpunkt für Ausflüge in die malerische Umgebung an.

SEHENSWERTES

FESTUNG (CIETOKSNIS) ★

Die Festung Daugavpils, einige Kilometer nordwestlich vom Stadtzentrum am rechten Ufer der Daugava gelegen, ist eine Bastion der Zarenzeit, zwischen 1810 und 1850 von Petersburger Festungsingenieuren auf den Trümmern von Vorgängerburgen hochgezogen: ein trapezförmiger Komplex aus acht Forts, einer Zitadelle, Außen- und Innenwall sowie einem Brückenkopf am anderen Flussufer. Teile der Anlage können besichtigt werden. *Mo–Fr 9–17 Uhr*

HEIMATMUSEUM (DAUGAVPILS MUZEJS)

Anschaulich informiert die Ausstellung über die Wechselbäder in der Geschichte Latgales und der vielfach umkämpften alten Handelsstadt an der Düna. *Mi–So 11–17 Uhr | Rīgas 8 | www.dnmm.lv*

KIRCHENQUARTETT

Gleich vier Kirchen stehen am östlichen Rand des Stadtzentrums beieinander. Besonders die 1905 erbaute *Boris-und-Gleb-Kathedrale* an der *18. Novembra iela* lohnt einen Besuch: Mit ihren türkisfarben schimmernden Kuppeln ist sie die wohl schönste russisch orthodoxe Kirche in Lettgallen. Daneben wirken die im selben Jahr geweihte katholische *Marienkirche* und die neobarocke *Martin-Luther-Kirche* geradezu schlicht. Eine Straße weiter nördlich versteckt sich in der *Tautās iela* ein Juwel christlicher Vielvölkergeschichte von Daugavpils: die *Kirche der Altgläubigen*. Das Gotteshaus dieser im zaristischen Russland einst erbittert verfolgten orthodoxen Gemeinschaft birgt eine Sammlung von 300 kostbaren alten Ikonen, deren Anblick auch nichtgläubige Besucher tief beeindruckt.

STADTZENTRUM (CENTRA)

Verlaufen werden Sie sich in der Altstadt von Daugavpils kaum, denn die Straßen wurden nach altrussischer

Tradition im Schachbrettmuster angelegt. Markanter Orientierungspunkt ist die Kuppel der dem vatikanischen Vorbild nachempfundenen katholischen *St.-Peter-Kirche* in der Fußgängerzone *Rīgas iela*. Nur knapp entging der klassizistische Bau in der Sowjetzeit dem Abriss. Unweit davon, an der Ecke *Lāèplēša/ Cietokšņaiela*, blieb die alte Synagoge erhalten.

ESSEN & TRINKEN

GUBERNATORS

Nettes Restaurant mit traditioneller lettischer Küche. *Lāčplēša 10 | Tel. 65 42 24 55* | €€

MZIURI

Plow, Schaschliks und andere georgische und kaukasische Spezialitäten in einem gemütlichen Kellerlokal, dazu selbst gebrautes Latgaler Bier. *Mihoelsa 60 | Tel. 65 47 08 07* | €€€

ÜBERNACHTEN

PARK HOTEL LATGOLA

Das ehemalige Intourist-Hotel ist komplett renoviert worden. Zimmer und Apartments von schlicht bis luxuriös. Günstig ist die Lage im Stadtzentrum. *118 Zi. | Ķimnāzijas 46 | Tel. 65 40 49 00 | Fax 65 42 90 32 | www.hoteldaugavpils.lv* | €€

VILLA KSENIJA

Kleines, elegantes Gästehaus im Zentrum der Stadt. Die komfortablen Zimmer sind sehr stilvoll eingerichtet, die Luxussuite hat einen separaten Eingang. *8 Zi. | Varšavas 17 | Tel. 65 43 43 17 | www.villaks.lv* | €€€

Starker Kontrast: hier Häuschen, da Platte

AUSKUNFT

Führungen, Campinginfos, Vermittlung von Unterkünften, auch auf dem Land. *Rīgas 22 a | Tel. 65 42 28 18 | Fax 65 43 29 16 | www. daugavpils.lv*

MARCO POLO HIGHLIGHTS

★ **Festung**
Die Zarenfaust am Hang der Düna in Daugavpils
(Seite 62)

★ **Basilika von Aglona**
Das Altarbild der Muttergottes wirkt angeblich Wunder
(Seite 64)

★ **Daugava-Schleifen**
Romantische Blicke in Lettlands graue Vorzeit
(Seite 64)

★ **Teiči-Reservat**
In Lettlands größtem Hochmoor kreisen Steinadler über Orchideenwiesen
(Seite 67)

ZIELE IN DER UMGEBUNG

BASILIKA VON AGLONA ★ [121 D4]

Aglona ist Lettlands Rom. In dem Dorf 42 km nordöstlich von Daugavpils steht das 1699 gegründete Dominikanerkloster mit seiner berühmten Kirche, einem Traum von einer Basilika: zwei 60 m hohe, mehrstufige Türme rahmen die blendend weiße Fassade ein, drinnen zerfließt die barocke Pracht in spielerischem Rokoko. Über dem zweistufigen Hauptaltar hängt das Heiligtum der Basilika: das Bildnis der Muttergottes von Aglona. Die Ikone soll Wunder wirken. Ihretwegen pilgern Jahr für Jahr Zehntausende Katholiken aus ganz Osteuropa nach Aglona, 1993 hielt Papst Johannes Paul II. hier eine Messe. Jährlicher Höhepunkt der Wallfahrten ist Mariä Himmelfahrt am 15. August. *www.aglona.lv*

DAUGAVA-SCHLEIFEN (DAUGAVAS LOKI) ★ [120–121 C–D4]

Neunmal wechselt die Daugava auf dem 25 km langen Abschnitt zwischen Daugavpils und Krāslava die Richtung und wird dabei zum geologischen Freilichtmuseum mit Felshängen und steilen Böschungen. Das Urstromtal ist erdgeschichtlich der älteste Teil Lettlands: Gemessen am Alter des vor 350 Mio. Jahren gewachsenen Sandsteins an den Ufern ist die letzte Eiszeit, deren schmelzende Gletscher das Tal ausspülten, erst ein paar Sekunden her.

Mehrere Lehrpfade und schöne Aussichtspunkte auf alten Burghügeln längs des mäandrierenden Flusses erschließen den 120 km² großen, waldreichen Naturpark. Am eindrucksvollsten erleben Sie die Daugava-Schleifen, von denen jede einen eigenen Namen trägt, auf einer Bootstour. *Info: TIC Krāslava | Mo–Fr 8–17 Uhr | Brīvības 13 | Tel./Fax 65 62 40 74 | www.kraslava.lv*

Ortskundige Führungen durch diese wunderbare Landschaft organisiert das Naturpark-Infozentrum in Naujiene 20 km östlich von Daugavpils an der Straße nach Krāslava

> TON, TÖPFE UND TALENTE

Traditionelle lettische Keramik kommt aus Latgale

Lettlands Südosten ist berühmt für seine Keramik. In vielen Dörfern der Seenplatte leben Töpferfamilien, die traditionelle Formen und uralte Brenntechniken pflegen. Ein Besuch der freundlichen Kunsthandwerker in ihren Ateliers lohnt sich. Jede Werkstatt hat spezielle Eigenheiten, einige Keramiker orientieren ihre Gefäße z.B. an archäologischen Funden vorchristlicher Latgale-Kulturen. In vielen Ateliers können Sie sogar Ihr Töpfertalent selbst erproben. Natürlich ist die Tonkunst auch käuflich – und meist viel erschwinglicher als in den überteuerten Souvenirläden der Touristenzentren. Hochburgen der latgalischen Keramik sind die Dörfer *Preiļi* [120 C3] und *Jasmuiža* [121 D3] nördlich von Daugavpils. Lohnend ist ein Besuch der Töpferfamilie Uspelis in *Greiškāni* [121 E2] bei Rēzekne. Beliebt ist diese Werkstatt für ihre Teufelchenfiguren *(Voranmeldung empfohlen | Tel. 64 69 33 33/engl.). www.pudnikuskula.viss.lv*

(Skolas 15 | Tel. 65 47 55 98 | www naujiene.lv).

SAULESKALNS [121 D4]

211 m ragt der in ganz Lettland bekannte Hügel Sauleskalns aus der Landschaft 30 km nordöstlich von Daugavpils. Den heidnischen Lettgallern war der Hügel heilig, auf die vorchristliche Kultstätte deutet noch der Name hin: Sauleskalns heißt Sonnenberg.

Der Panoramablick in das weite, sanftwellige Land ist wunderbar, bei schönem Wetter sieht man mehr als 30 Seen, darunter den *Drīdzis*, Lettlands tiefsten See mit tiefblauem, glasklarem Wasser und in der Ferne den großen *Ežezers* bei Dagda mit seinen 69 Inseln.

RĒZEKNE

[121 D–E2] **Rēzekne ist Latgales Hauptstadt und eine der ältesten Städte Lettlands. Auf tausend Jahre Geschichte blickt das alte Rossitten zurück:** Im 9. Jh., lange bevor deutsche Ordensritter aufkreuzten und sich Polen, Schweden und Russen um die Herrschaft an dem strategischen Ort schlugen, siedelten hier livische Stämme. Ihr Alter sieht man der Stadt nicht mehr an: Auch Rēzekne war Ende des Zweiten Weltkrieges zerstört und dem Wiederaufbau nach Sowjetmanier schutzlos ausgeliefert.

Zehntausende osteuropäische Katholiken pilgern Jahr für Jahr nach Aglona

SEHENSWERTES

BURGRUINE (PILS KALNS)

Nur ein paar Mauern blieben von der einst mächtigsten Ordensburg Latgales. Sie widerstand vielen Angriffen und überlebte letztlich auch den Orden selbst. Zerstört wurde sie erst im 17. Jh. bei der Einnahme der Stadt durch die Schweden. Vom Schlossberg aus haben Sie einen schönen Blick über die Stadt.

BEFREIUNGSDENKMAL (LATGALES MARA)

Im Stadtzentrum, dort, wo die Hauptstraße *(Atbrīvošanas aleja)* in einen ovalen Platz mündet, steht eines der Wahrzeichen Rēzeknes aus neuerer Zeit: das Denkmal für die Befreiung Latgales. Das Original wurde 1939 enthüllt, nach dem Einmarsch der Roten Armee ließen die Sowjets es schleifen. Seit 1991 steht „Latgales Mara" nun wieder auf ihrem Platz.

ESSEN & TRINKEN

Insider Tipp MÖLS

Zur einen Hälfte ein nettes Café, zur anderen ein Kunsthandwerksladen mit schönen Werkstücken regionaler Künstler. Hier finden Sie selbstverständlich auch die berühmte Latgalische Keramik. *Latgales 22 | Tel. 64 62 53 53* | €

PIE MĀRAS

Sehr groß ist die Auswahl an guten Restaurants in Rēzekne nicht. Dieses Speiselokal gehört mit seinem großen Angebot lettischer und russischer Gerichte und dem geschmackvollen Interieur zu den besten der Stadt. *Atbrīvošanas aleja 93 | Tel. 64 62 21 83* | €€

ÜBERNACHTEN

RĒZEKNE KOLONNA

Das Hotel stammt noch aus der Vorkriegszeit, wurde erst kürzlich vollständig modernisiert und bietet komfortable Unterkunft mitten in Rēzekne am gleichnamigen Fluss. Auch das Restaurant kann man empfehlen. *42 Zi. | Brīvības 2 | Tel. 64 60 78 20 | www.hotel.colonna.com* | €€

Einer von angeblich tausend Seen in Latgale. Zählen Sie doch mal nach!

FREIZEIT & SPORT

REITERHOF UNTUMI ▶▶

12 km östlich von Rēzekne an der Straße nach Jēkapils, ist ausgeschildert (Richtung Spudžāni). Auf dem Hof werden Privatquartiere vermittelt und viele nützliche Informationen über die Region gegeben. Außerdem können Sie hier Ausritte und Reitstunden buchen oder an Reitkursen verschiedener Schwierigkeitsstufen teilnehmen. *Tel./Fax 64 63 12 55 | www.untumi.lv*

ZIELE IN DER UMGEBUNG

LUDZA [121 E2]

In dem idyllisch zwischen zwei Seen gelegenen Städtchen 26 km östlich von Rēzekne ragt stolz die orthodoxe *Uspenski*-Kirche aus dem verträumten Zentrum auf, ein bildschöner spätklassizistischer Sakralbau, 1843 nach dem Vorbild der St. Petersburger Andreas-Kathedrale entworfen. Einen Besuch wert ist das Heimatmuseum: Außer mittelalterlichen Trachten und traditioneller Keramik zeigt es in einer Freilichtausstellung landestypische Holzhäuser, eine Windmühle und eine Latgaler Töpferwerkstatt. *Tgl. 9–17 Uhr | Kulņeva 2 | www.ludza.lv*

TEIČI-RESERVAT ★ [114 C2]

Um Lettlands größtes Hochmoor 14 km westlich von Rēzekne an der Straße nach Jēkabpils ranken sich uralte Mythen. Ob tatsächlich dunkle Geister seine Sumpfwälder bevölkern – glauben Sie es oder nicht. Bewiesen ist: Sagenhaft seltene Pflanzen und Tiere leben hier, riesige Steinadler etwa, Fischotter und Wölfe. In den Sumpfwiesen blühen wilde Orchideen, und Wissenschaftler haben einige Schmetterlinge entdeckt, die hier die Eiszeit überlebten. Infozentrum und Gästehaus: *Mo–Sa 8.30–17 Uhr | Aivikstes 3 | Ļaudona | Tel. 64 84 82 91 | www.teici.gov.lv*

> LOW BUDGET

> In der Latgaler Seenplatte gibt es wunderbare Paddelreviere: Das Tourismuscenter in Krāslava hat detaillierte Infos und Karten zu Kanurouten und den Campingplätzen, an denen man Kanus leihen kann. Großes baltisches Naturerlebnis für ganz kleines Geld. *TIC Krāslava | Brīvības 13 | Tel. 65 62 22 01 | www.kraslava.lv*

> In der stillen Seenlandschaft um Aglona lohnt es sich, ein paar Tage zu bleiben. Ein nettes kleines und sehr preisgünstiges Hotel lädt dazu ein: das *Aglonas Cakuli,* malerisch am Ciriša-See gelegen. Übernachtungen ab 10 Euro, die Betreiber sprechen gut deutsch. Boots- und Radverleih. *12 Zi. | Ezea 4 | Tel. 65 37 54 65 | www.aglonascakuli.lv* | €

> Der vielleicht schönste Weg im Naturpark der Daugava-Schleifen beginnt nahe dem Dorf *Markova* und führt als ausgeschilderter Naturlehrpfad *(Markovas izziņas taka)* fast 2 km durch das mächtige Urstromtal an die Daugava bis in die Nähe von Slutišķi, einem eigentümlichen Dorf, in dem seit Jahrhunderten russische Altgläubige zurückgezogen leben. Der Ort steht unter Denkmalschutz. Naturpfad: von der A6 bei Židina (etwa auf der Hälfte zwischen Krāslava und Daugavpils) in Richtung Flusstal abbiegen nach Markova

> BURGEN, FELSEN, URSTROMTAL

Die Gauja, Lettlands schönster Fluss, muss in Vidzeme durch einen tiefen Stein

> Die große Provinz nördlich der Daugava werden viele unter ihrem historischen Namen kennen: Vidzeme ist das einstige Livland. Das freilich viel größer war und bis weit nach Estland reichte. Beide Republiken teilten es bei ihrer Gründung 1918 untereinander auf, weil das heidnische Stammland nach 700 Jahren Fremdherrschaft ohnehin nicht mehr existierte.

Vidzeme birgt die beliebteste Ausflugslandschaft Lettlands: das Tal der Gauja mit roten Sandsteingrotten, den Burgen Sigulda, Turaida und Krimulda und dem Mittelalterstädtchen Cēsis. Strände bietet Livland auch, hundert Kilometer Küsteneinsamkeit bis hoch an die estnische Grenze.

ALŪKSNE

[119 E3] **Abseits allen Massentourismus im Nordostzipfel Lettlands gelegen, bietet sich die Kleinstadt (10 000 Ew.) für Ausflüge in die sanfte Hügellandschaft der**

VIDZEME

Vidzeme-Hochebene an. Alūksne selbst lohnt auch einen ausgiebigen Rundgang, auf dem es zwischen griechischen Pavillons und „glücklichen" Eichen manches zu entdecken gibt.

SEHENSWERTES

ALŪKSNE-SEE (ALŪKSNES EZERS)

Wie eine tiefblaue Lagune schmiegt sich der Alūksne-See um die Stadt. Eine Brücke führt auf die 10 ha große Burginsel, auf der Reste der 1324 geweihten Marienburg des Livländischen Ordens an die umkämpfte Geschichte Alūksnes erinnern. Am Westufer der Insel können Sie Boote ausleihen, (Insider Tipp) der 16 km² große See ist ein beliebtes Wassersportrevier.

BIBELMUSEUM (BIBLIS MUZEJS)

Im 17. Jh. übersetzte der deutsche Pastor Ernst Glück in Alūksne die Bibel ins Lettische. Als er damit fertig war, pflanzte er vor dem Pfarrhaus zwei große (Glücks-)Eichen; sie stehen noch heute. Dem gebürtigen Sachsen ist das Bibelmuseum gewidmet, in dem die Heilige Schrift in vielen seltenen Ausgaben zu bewundern ist. *Mi–Sa 12–15 Uhr | Pils 25*

TEMPELBERG (TEMPĻAKALNS)
Den Namen hat der Hügel auf der Halbinsel im Alūksne-See von dem Granittempel, der seit 1807 auf ihm thront – eine von fünf Säulen getragene Rotunde in Gedenken an den Nordischen Krieg. Das Schönste ist hier der herrliche Blick auf den See.

Schönster lettischer Klassizismus in der evangelischen Kirche von Alūksne

EVANGELISCHE KIRCHE (BAZNĪCA)
Die lutherische Kirche mit dem 55 m hohen Turm zählt zu den schönsten klassizistischen Sakralbauten Lettlands. Erbaut 1781–88 nach Plänen des Rīgaer Architekten Christoph Haberlandt.

STADTPARK
Graf von Vietinghoff, der den Park um 1790 anlegen ließ, war ein großer Verehrer der griechischen Mythologie. Man sieht's: Hellenistisch geprägte Baukunst wie der Alexanderpavillon und der Äolstempel zieren die Anlage längs der *Pils iela*. Auch das 1831 erbaute Mausoleum der Familie Vietinghoff, ein runder Kuppelbau auf einem Granitsockel, blieb zumindest äußerlich erhalten.

ESSEN & TRINKEN

PAJUMTE
Lettische Küche im Fachwerkambiente. *Rīgas 68 | Tel. 64 32 31 60 | €€*

ÜBERNACHTEN

ARĀJI
Das Reiterhofhotel in Jaunanna, 15 km südlich von Alūksne, bietet auch einen Fahrradverleih. *17 Zi. | Jaunanna | Tel. 64 30 70 99 | Fax 64 30 70 88 | www.hotel-araji.com | €*

ZIEL IN DER UMGEBUNG

GULBENE [119 E4]
Wer sich für historische Parks begeistert, findet in Gulbene, 45 km

südwestlich von Alūksne, zwei interessante, leider sehr verwilderte Anlagen: Emze und Spārite, französische Landschaftsgärten mit Teichen und exotischen Bäumen.

CĒSIS

[118 B3] ★ **Ringgassen, Kaufmannshäuser, gotische Giebel und über allem eine trutzige Ordensburg, die am besten erhaltene im Baltikum: Cēsis (20 000 Ew.), das „Herz der Vidzeme", zählt nicht nur zu den ältesten, sondern auch zu Lettlands schönsten Städten.** Vieles sieht noch oder wieder so aus wie im 15. Jh., als das einstige Wenden als Hansestadt zu Wohlstand aufstieg. 800 Jahre Geschichte hat Cēsis den Urkunden nach auf dem Buckel. Viel früher freilich bauten die wendischen Heiden hier eine Burg. Die Stadt im Herzen des Gauja-Nationalparks avanciert im Sommer zum nationalen Ausflugsziel.

SEHENSWERTES

BRAUHAUS (CĒSU ALUS DARĪTAVA)

Cēsis rühmt sich stolz der ältesten Brauerei des Baltikums. Seit 1580 wird hier das Reinheitsgebot kultiviert, inzwischen in einer modernen Anlage außerhalb der Stadt. Doch das historische Brauhaus aus dem 19. Jh. gibt es noch – dort besteht fast täglich Gelegenheit, das süffige *Cēsu alus* zu kosten und viel über lettische Brautradition zu erfahren. *Lenču 12 | Tel. 68 00 90 90 | www.cesualus.lv*

GESCHICHTSMUSEUM (CĒSU VĒSTURES MUZEJS)

Im Neuen Schloss spannt das Stadtmuseum einen Bogen über 800 Jahre Geschichte des 1206 erstmals erwähnten Ortes bis in seine vorchristliche Historie hinab. *Di–So 10–17 Uhr | Pils lauk. | www.vvtc.cesis.lv*

JOHANNISKIRCHE (SV. JĀŅA BAZNĪCA)

Lettlands größte gotische Kirche außerhalb Rīgas entstand 1282–97 als Hauptkirche der Schwertbrüder in der ordenstypischen Schlichtheit. Sehens- und hörenswert ist die 1906 gebaute Orgel, zu den klangreinsten des Landes zählend und wie die Rīgaer Domorgel ein Werk des Ludwigsburger Orgelbauers Eberhard Friedrich Walcker. *Torņa 2*

NEUES SCHLOSS (JAUNĀ PILS)

Auf den Mauern der östlichen Vorburg ließ die Grafenfamilie von Si-

MARCO POLO HIGHLIGHTS

★ **Cēsis**
Wo die Braukunst uralt und das Mittelalter manchmal noch sehr lebendig ist (Seite 71)

★ **Gauja-Nationalpark**
Teufelsferse, Sandbänke und ein bizarres Urstromtal (Seite 74)

★ **Sigulda**
Standesgemäße Residenzen: dem Bischof die Burg, für den Teufel die Höhle (Seite 74)

★ **Vidzemes Steinstrand**
Gigantische Überreste der Eiszeit: Tausende Findlinge belagern die Küste (Seite 76)

vers 1778 ihren Wohnsitz gründen – bis heute „Neues Schloss" genannt. Unterhalb des Herrensitzes führt eine Tuffsteintreppe in den Schlosspark, eine 1822 zwischen Burg und See komponierte Anlage mit Spazierwegen, Skulpturen und alten Linden, aus deren Mitte der Nussberg *(Riekstu kalns)* ragt: Hier stand im 11. Jh. die wendische Holzburg.

1577 in Schutt und Asche. Gut erhalten ist der Westturm, in dem einst der Ordensmeister wohnte – hinter vier Meter dicken Mauern.

Einmal im Jahr erwacht auf der Burg die Vergangenheit zum Leben: während des Mittelalterfestivals im August.

Cēsis' Burg galt als uneinnehmbar, bis Iwan der Schreckliche kam ...

ORDENSBURG (MŪRA PILS)

Cēsis' Wahrzeichen trägt die Narben bewegter Geschichte. Erbaut zwischen 1209 und 1224 von den Rittern des Schwertbrüderordens, galt das massive Konventshaus mit seinen drei Ecktürmen und Vorburgen bis in das 16. Jh. hinein als uneinnehmbar. Erst Iwan der Schreckliche legte es

ESSEN & TRINKEN

ALEXIS

Der Koch des feinen Hotelrestaurants versteht sich auf lettische und internationale Spezialitäten. Zum Haus gehört das beliebte Kellercafé *Popular* (€), in dem es sich ebenfalls gut isst. *Vienības 1 | Tel. 64 12 00 28 |* €€€

MAKS UN MORICS ▶▶

Peppiges Altstadtlokal, halb Café, halb Kneipe. Hier trifft man sich bei braufrischem *Cēsu*-Bier. *Rīgas 43 | Tel. 64 12 43 67 | €.*

EINKAUFEN

SCHMUCKSCHMIEDE (SENO ROTU KALVE)

Ein Silberschmied fertigt filigranen Schmuck, auch auf Wunsch, und lässt sich bei der Arbeit zuschauen. *Di–So 10–18 Uhr, am Schlosspark | www.kalve.times.lv*

ÜBERNACHTEN

CĒSIS

Das beste Hotel der Stadt mit komfortablen Zimmern, nah am Schloss. Zum Service des Hauses gehört auch ein Fahrradverleih. *41 Zi. | Vienības 1 | Tel. 64 12 01 22 | Fax 64 12 01 21 | €€€*

KATRĪNA

Kleines, renoviertes Hotel am Rand der Altstadt zwischen historischen Holzhäusern. Die acht Zimmer sind geschmackvoll und modern eingerichtet, alle mit Internetzugang. Das Hotel bietet auch verschiedene Ausflüge in den Nationalpark an. *Mazā Katrīnas 8 | Tel. 64 10 77 00 | Fax 64 10 77 01 | www.hotelkatrina.lv | €€*

PROVINCE

Das kleine Hotel hat nur fünf einfache, aber saubere und gemütliche Zimmer und gehört zu einem der beliebtesten und besten Café-Restaurants von Cēsis. *Niniera 6 | Tel./Fax 64 12 08 49 | €€*

TIGRA

Das 3 km außerhalb im Vorort Priekuļi liegende topmoderne Sporthotel war ein sprödes staatliches Ferienheim. Die Verwandlung mit Sauna, Pool und schickem Café ist perfekt gelungen. *50 Zi. | Veidenbauma 2 | Priekuļi | Tel. 64 12 77 22 | Fax 64 12 77 20 | www.tigrahotel.lv | €€*

FREIZEIT & SPORT

ACTIVE TOURISM CENTRE EŽI ▶▶

Das Tourismus- und Sportzentrum Eži verleiht Fahrräder, Kanus, Zelte

> LOW BUDGET

- In Salacgrīva stehen etwas oberhalb der Mündung der Salaca in die Ostsee seltsame Zäune im Fluss: Hier wird dem Neunauge nachgestellt. Im Spätsommer ist Fangsaison, dann kann man beim Fischen zuschauen und gern auch mithelfen. Dafür gibt's anschließend tote Neunaugen – frisch gegrillt! Infos: *TIC | Rīgas 10 a | Tel. 64 04 12 54*
- Auf der Fahrt durch den stillen Norden Vidzemes lohnt sich ein Abstecher an den schön gelegenen Burtnieku-See *(Burtnieks ezers)* 15 km südlich von Mazsalaca. Hier nisten, beim Dorf Bauņi, mehr als 40 Storchenpaare, es ist die angeblich größte Brutkolonie des Weißstorchs im Baltikum. Wie auch immer: Adebars WG ist ein seltener Anblick, der noch nicht mal etwas kostet.
- Eine Seilbahn im flachen Lettland? Gibt's tatsächlich. In Sigulda schwebt eine Seilbahn *(Gaisa tramvajs)* fast 1 km über das Tal der Gauja hinweg zur Burg Krimulda. Aus 50 m Höhe hat man unterwegs eine herrliche Aussicht, und das für ganze 80 Cent. *In der Saison tgl. 10–18.30 Uhr, im Halbstundentakt | Poruka 14*

und gibt individuelle Tourentipps. Sehr informative Website. *Lenču 7a | Tel. 64 10 72 63 | www.ezi.lv*

AUSKUNFT

Pils lauk. 1 | Tel. 64 12 18 15 | Fax 64 10 77 77 | www.cesis.lv

ZIELE IN DER UMGEBUNG

GAUJA-NATIONALPARK ★ [118 A–B3]

Rings um Cēsis erstreckt sich die grandiose Landschaft des Gauja-Urstromtals, das in Teilen schon seit 1922 unter Schutz steht. Es gibt Wanderwege und spezielle Lehrpfade, die sich zu großen und kleinen Touren kombinieren lassen. Einige Areale des Parks stehen unter strengem Schutz und sind nicht zugänglich. Reizvolle Ausflugsziele sind die roten Sandsteinfelsen wie das steile Massiv der Teufelsferse *(Sietiņ iezis)* nordwestlich von Cēsis. Auf ihrem Weg durch die bis zu 85 m tiefe Schlucht sammelt die Gauja das Wasser von 13 Nebenflüssen und strömt an bizarren Grotten, Höhlen und Sandbänken vorbei. Bei Līgatne, ca. 22 km von Cēsis entfernt, bietet sich von einem Aussichtsturm ein traumhafter Blick über die Waldlandschaft des mit 917 km^2 größten Nationalparks im Baltikum. Detaillierte Infos, Touren von der Kutschfahrt bis zur Gauja-Raftingtour und Karten gibt's im Nationalpark-Besucherzentrum Sigulda *(tgl. 10–18 Uhr | Baznīcas 3 | Tel. 67 97 13 45 | www.gnp.lv)*.

Insi Ti

Tief hinunter geht's zur Gauja

SIGULDA ★ [118 A4]

Die malerische Kleinstadt 30 km südwestlich von Cēsis ist das touristische Zentrum des Nationalparks. Das Tal der Gauja ist hier besonders tief eingeschnitten. An den Ufern spülte der Fluss die drei schönsten und größten Höhlen Lettlands aus: die Große Teufelshöhle *(Lielā Velnala)*, die Viktorhöhle *(Viktorala)* und die legendenumwobene Gutmans Höhle *(Gūtmaņa ala)*. Landesweit berühmt ist Sigulda wegen ihrer Burgen auf der anderen Seite der Talschlucht: Turaida und Krimulda. Die Bischofsburg Turaida thronte seit 1213 mit fünf massiven Wehrtürmen hoch über der Gauja, bis sie im Nordischen Krieg zerstört wurde und verfiel. 1953 begann man, sie detailgetreu zu restaurieren. Steigen Sie auf den 30 m hohen Burgfried, ein atemberaubendes Panorama belohnt Sie! Zwei

Was lange währt: Seit 1953 wird die Burg Turaida originalgetreu restauriert

Kilometer südlich ragt hinter der Burgruine Krimulda das Schloss der Fürsten von Lieven auf.

VIDZEMES JŪRMALA

[117 F1–3] Hundert Kilometer zieht sich „Livlands Strand" von der Daugava-Mündung bis an die estnische Grenze hin, ein kaum besiedelter Küstenstreifen mit wildromantischen Stränden, rauen Kliffs und Salzwiesen. Obwohl die *Via Baltica* von Rīga nach Tallinn parallel zur Küste verläuft, bleibt der Strand selbst im Hochsommer fast überall menschenleer. Touristische Infrastruktur sollten Sie hier nicht erwarten, dafür erleben Sie eine naturbelassene Ostseelandschaft.

SEHENSWERTES

BIOSPHÄRENRESERVAT NORDVIDZEME (ZIEMEĻVIDZEME) [118 A1–2]

60 km der Nordküste sowie ein Teil der Ostsee von Tūja bis an die estnische Grenze und das Einzugsgebiet der Salaca stehen seit 1994 als Biosphärenreservat unter Schutz. Auf einer Fläche von fast 4700 km^2 soll so ein einzigartiges Küstenökosystem aus Salzwiesen, Hochmooren und Laichgewässern der Ostseelachse bewahrt werden. Infos: *TIC Salacgrīva | Mo–Fr 10–17, Sa/So 10–14 Uhr | Rīgas 10 a | Tel. 64 04 12 54 | www.biosfera.lv*

MÜNCHHAUSEN-MUSEUM (MINHAUZENA MUZEJS) [117 F2]

In dem kleinen Dörfchen Dunte, etwa 8 km nördlich von Saulkrasti, erinnert ein kleines Museum an den berühmten Lügenbaron. Nicht von ungefähr: Freiherr von Münchhausen, damals Offizier der russischen Armee, heiratete 1744 in der Kirche des Dorfes und verewigte die Gegend später in seinen Geschichten.

Zu dem Museum gehört seit neuestem ein etwa 5 km langer Münchhausen-Waldpfad *(Minhauzena meža taka)*, der an 33 originel-

Insider Tipp

len Themenstationen Bezug auf die Geschichten des Freiherrn und Lügenbarons nimmt. Ein schöner Familienspaß. *Dunte (im ehemaligen Herrenhaus) | Mi–So 10–17 Uhr | www.minhauzens.lv*

Im Museum des Lügenbarons Münchhausen

SALACGRĪVA [117 F1]

Das Küstenstädtchen an der Salaca-Mündung ist vor allem Ostseeseglern ein Begriff, die den einzigen Yachthafen Vidzemes gern anlaufen. Viel los ist hier Mitte Juli, wenn der Ort sein Fischerfest feiert. Von Salacgrīva aus lohnt ein Ausflug zu den Opferhöhlen am Flüsschen Svētupe 10 km südöstlich bei Kuiķule. Die Sandsteingrotten dienten den alten Liven als Kultstätte.

Insider Tipp

SAULKRASTI [117 F2]

Der aus den Fischerdörfern Pēterupe und Neībade zusammengewachsene Küstenort hat wenig mehr zu bieten als seinen Strand, doch der ist so fein und weiß, dass Saulkrasti zu den beliebtesten Badeorten der Rīgaer zählt. Die Hauptstadt liegt nur 30 km entfernt. *www.saulkrasti.lv*

VIDZEMES STEINSTRAND (VIDZEMES AKMEŅAINĀ JŪRMALA) ★

Ein Stück Ostsee wie aus der Urzeit: Der 14 km lange Abschnitt zwischen Tūja und Meleki [117 F1–2] ist eine Meeresküste wilder Schönheit. Steil fallen zerklüftete Kliffe zum Strand ab, der mit zahllosen Steinen übersät ist. Vidzemes Steinstrand steht unter Naturschutz.

ESSEN & TRINKEN

BRIŽA [117 F1]

Gemütliches Lokal mit einheimischer Küche in Salacgrīva, abends sitzt man entspannt auf der Terrasse. *Pērnavas 3 | Tel. 64 04 12 54 | €*

PIE BOCMAŅA [117 F1]

„Beim Bootsmann", einem maritim-rustikal dekorierten Restaurant in Salacgrīva, essen Sie lecker Fisch. Probieren Sie gegrillte Neunaugen, die lettische Delikatesse! *Pērnavas 6 | Tel. 64 04 47 28 | €€*

Insider Tipp

ÜBERNACHTEN

CAMPING MELEKU LICIS [117 F1]

Insider Tipp

Für Zelte bietet der schwedisch-lettisch geführte Campingplatz nördlich von Vidzemes Steinstrand fast endlos

Platz, Sie können aber auch eines der 40 Holzhäuschen (2–4 Pers.) mieten. Das freundliche Team verleiht Fahrräder und Surfbretter. Auch ein Bistro gehört zum Gelände. *15 km südl. von Salacgrīva | Tel. 26 40 88 99 | www.melekulicis.lv* | €

SAULKRASTI KOLONNA [117 F2]
Ein neues Spa-Hotel am Strand von Saulkrasti, mit allem Drum und Dran und dem Komfort eines modernen Wellnesstempels. *90 Zi. | Ainažu 33 b | Tel. 67 24 04 45* | Fax *67 24 20 12 | www.hotelkolonna.lv* | €€–€€€

Insider Tipp
SCHLOSS BĪRIŅI (BĪRIŅU PILS) [118 A3]
Etwas abseits der Küste, 15 km östlich von Saulkrasti, verbirgt sich eines der schönsten und exklusivsten Hotels Lettlands: Schloss Bīriņi, der neogotische, meisterhaft restaurierte einstige Gutshof einer alten baltendeutschen Adelsdynastie. Malerisch an einem kleinen See gelegen inmitten eines Landschaftsparks, stilsicher eingerichtet, kurzum: ein Juwel. Der Preis ist dem fürstlichen Ambiente angemessen – und doch erstaunlich günstig. *18 Zi. | Bīriņu pils | Tel./Fax 64 06 62 22 | www.birinupils.lv* | €€€

ZIEL IN DER UMGEBUNG

TAL DER SALACA [118 B1] Insider Tipp
45 km östlich von Salacgrīva liegt das Städtchen Mazsalaca, als Ausflugsziel sehr beliebt wegen seines bezaubernd romantischen Flusstals. In die Sandsteinfelsen, die die verschlungenen Ufer säumen, hat die Salaca tiefe Höhlen und Grotten gewaschen. In einer engen Talbiegung ragt ein 20 m hoher Stein rot über dem dunklen Wasser auf: der Echofelsen, der seinem Namen alle Ehre macht.

Malerisch schmiegt sich der Waldpark *Skaņaiskalns* an das Flusstal an. Skurrile Holzskulpturen stehen dort und Naturdenkmale wie die Werwolfkiefer, von der es heißt, sie verwandele jeden, der in einer Vollmondnacht unter ihrer Krone den richtigen Spruch murmelt, in ein Untier. Der Weg in das Tal der Salaca beginnt an der Schule von Mazsalaca, er ist ausgeschildert.

> ROSE VON TURAIDA

Marijas treue Liebe zu Viktor und ihr tragisches Ende

In Turaida lebte einst die bildschöne Marija. Sie liebte Viktor, den jungen Gärtner aus dem Schlosspark. Die beiden trafen sich oft in Gutmans Höhle. Eines Tages kam ein polnischer Offizier in die Gegend, der Marija ebenfalls begehrte. Da alles Werben scheiterte, lockte er das Mädchen mit einer List in die Höhle. Als er sich ihr nähern wollte, behauptete die verzweifelte Marija, ihr Halstuch mache sie unantastbar, er möge es doch mit dem Schwert ausprobieren. Der Offizier tat es – und enthauptete das Mädchen. Die tragische Liebesgeschichte, sie soll sich um 1620 zugetragen haben, kennt in Lettland jedes junge Paar. Oft kommen frisch Verheiratete, um am Grab der „Rose von Turaida“ Blumen niederzulegen. Es liegt nahe der Burg im Schatten einer alten Linde, die der trauernde Viktor einst gepflanzt haben soll.

> KORNKAMMER UND ROSENZIMMER

Die fruchtbare Ebene von Zemgale birgt einen Schatz spätbarocker und klassizistischer Baukunst

> Wie ausgewalzt liegt das Tiefland von Zemgale zwischen den kurländischen Hügelketten im Westen und der letgallischen Seenplatte – eine fruchtbare, landwirtschaftlich geprägte Ebene, seit jeher Lettlands Kornkammer. Im Süden grenzt sie an Litauen, im Norden durchströmt die Daugava majestätisch diese historische lettische Landschaft, die einst zum Herzogtum Kurland gehörte.

Der Name geht auf die heidnischen Stämme zurück, die hier lebten, ehe deutsche Ritter, Bischöfe und Kaufleute in das Land einfielen. Zusammen mit ihren litauischen Brüdern wehrten sich die Semgaller unter Fürst Nameisis besonders erbittert gegen den Livländischen Orden, dessen massige Burgen noch als Ruinen Bände darüber sprechen, welche Machtkämpfe sich in der stillen Ebene abspielten. Erst 90 Jahre nach der Gründung Rīgas gab Semgallen sich den Rittern geschlagen. Ohne ei-

Bild: Im Schloss Mežotne

ZEMGALE

nen Ausflug in die Provinz südlich der Hauptstadt sollte keine Lettlandreise enden. Nicht nur seiner ausgesprochen gastfreundlichen Bewohner wegen. Zemgale birgt die Kronjuwelen lettischer Adelslandschaft: die Barockschlösser Jelgava und Rundāle.

JĒKABPILS

[120 B2] **Den uralten semgallischen Handelsplatz an der Daugava kannten schon die Wikinger. Im 13. Jh. ließ der Erzbischof von Rīga eine Burg an das rechte Flussufer wuchten, in deren Schutz und Schatten sich die Stadt Krustpils (Kreuzburg) entwickelte.** Jēkabpils am Ufer gegenüber entstand erst im 17. Jh. – aus einer Ansiedlung orthodoxer Altgläubiger, die vor den Schergen des Zaren aus Russland geflohen waren. Und erst 1962 verschmolzen beide Städte zum heutigen Jēkabpils (28 000 Ew.). Viele Sehenswürdigkeiten hat die Stadt nicht zu bieten. Sie können von hier aus aber wunderbare Ausflüge und Radtouren entlang der Daugava unternehmen.

SEHENSWERTES

FREIHEITSSTRASSE (BRĪVĪBAS IELA)

Sie ist die Hauptstraße des Stadtteils Jēkabpils. Links und rechts zweigen

Russische Flüchtlinge gründeten Jēkabpils und bauten dieses Kloster

schmale Gassen ab, in deren verzweigten Vierteln noch einige jener Holzhäuschen stehen, in denen einst die Altgläubigen wohnten. Markantes Bauwerk der *Brīvības* ist die neoromanische katholische Kirche *(Brīvības/Vienības)*, unweit davon steht das 1807 geweihte Gotteshaus der Lutheraner. Einen Spaziergang durch Jēkabpils beginnen Sie am besten auf dem *Vecpilsētas laukums*, dem zentralen Platz und beliebtesten Treffpunkt der Innenstadt.

FREILICHTMUSEUM SĒĻU SĒTA ★

Gehen Sie auf eine Zeitreise in die Vergangenheit. Typische Bauernhäuser, eine Windmühle und diverse Gerätschaften in diesem Museum vermitteln Ihnen einen authentischen und sehr lebendigen Eindruck vom Leben im Semgallen des frühen 19. Jhs. Schmiede, Müller und Weber arbeiten wie anno dazumal, und wer will, kann sich in den historischen Handwerkstechniken auch selbst üben. An das Museum grenzt ein kleiner botanischer Garten, in dem Bäume wachsen, die in Lettland als Exoten gelten, Esskastanie und Walnuss zum Beispiel. *Mai–Okt. tgl. 10–*

16 Uhr | Filozofu 6 (am Stadtpark) | für Vorführungen wird um Anmeldung gebeten | Tel. 65 23 25 01

KREUZBURG (KRUSTPILS) ★
Von dem gotischen Original blieben kaum mehr übrig als der Schlossturm und der imposante kreuzrippengewölbte Weinkeller, so oft ist die 1237 als erzbischöfliche Festung gegründete Kreuzburg im Lauf der Jahrhunderte umgebaut worden. Nach dem Zweiten Weltkrieg diente sie der Sowjetarmee als Kaserne und verkam. Seit 1994 steht die Bastion wieder für Besichtigungen offen, hier finden Sie auch das Geschichtsmuseum von Jēkabpils. *Mo–Fr 9–17, Sa/So 10–15 Uhr | Rīgas iela | Stadtteil Krustpils*

ORTHODOXE KIRCHEN
Jēkabpils ist ein Ort der Kirchen. In der *Brīvības,* direkt am Fluss, erinnert das ehemalige Altgläubigen-Kloster mit seiner schönen Nikolauskapelle und der jüngeren, im byzantinischen Sakralbaustil errichteten orthodoxen Kirche an russische Siedlungsgeschichte. In Richtung Stadtzentrum führt der Weg kurz nacheinander an der erhabenen Dreieinigkeitskirche, der lutherischen Michaelskirche und dem kriegszerstörten, inzwischen wiederaufgebauten Gotteshaus der katholischen Gemeinde am Stadtpark vorbei. Wer von dort aus durch die engen, von Holzhäusern gesäumten Straßen ins Stadtinnere geht, kommt in der *Viestura* zur Kirche der orthodoxen Altgläubigen. Sie birgt kostbare Ikonen aus dem 18. und 19. Jh.

ESSEN & TRINKEN

ATPŪTA
Populäres Bistro im Stadtzentrum, auf der Speisekarte vorwiegend internationale Gerichte, man kocht auch vegetarisch. *Viestura 5 | Tel. 65 23 27 11* | €€€

PIE PILS
Gemütliches Lokal an der Burg, gute traditionell lettische Küche. *Rīgas 216 | Tel. 65 22 10 42* | €€

ÜBERNACHTEN

DAUGAVKRASTI
Immer noch die beste Unterkunft in der Stadt, renoviert, saubere Zimmer.

MARCO POLO HIGHLIGHTS

★ **Kreuzburg**
Dem Erzbischof von Jēkabpils in den Weinkeller geschaut (Seite 81)

★ **Schloss Jelgava**
Studieren mit fürstlichen Leichen im Keller (Seite 85)

★ **Academia Petrina**
Jelgavas einstige Eliteschule schließt heute niemanden mehr aus (Seite 84)

★ **Rundāle**
Wo Herzog Biron im 18. Jh. wie ein kleiner Sonnenkönig residierte (Seite 87)

★ **Freilichtmuseum Sēļu sēta**
Werfen Sie doch mal einen tiefen Blick in die Vergangenheit von Jēkabpils: Wie arbeitete wohl ein Schmied vor 200 Jahren? (Seite 80)

15 Zi. | Mežrūpnieku 2 | Tel/Fax 65 23 12 32 | www.daugavkrasti.lv | €€

HERCOGS JĒKABS

Gäbe es in der Stadt noch Mönche, wären sie hier die Nachbarn: Das kleine, vor kurzem renovierte Hotel grenzt an das alte Kloster. Schön ist die zentrale Lage direkt an der Daugava. Die Zimmer sind gemütlich, es lohnt sich, nach einem mit Ausblick auf den Fluss zu fragen. *6 Zi. | Brīvības 182 | Tel. 65 23 34 33 | www. jnami.lv* | €

AM ABEND

KARGO ▶▶

Angenehmes Café, abends beliebte Disko mit Bar. *Mežrūpnieku 2*

AUSKUNFT

Brīvības 142 | Tel./Fax 65 23 38 22 | www.jekabpils.lv

ZIELE IN DER UMGEBUNG

KOKNESE [120 A2]

Kaum zu glauben, dass das kleine Dorf an der Daugava 40 km nordwestlich von Jēkabpils im Mittelalter eine bedeutende Hansestadt war. An den Ruhm erinnern die Reste der 1208 gegründeten Ordensburg, eine der romantischsten Burgruinen Lettlands. Das vom Wasser des 1967 angelegten Stausees umspülte Gemäuer ragte einst 40 m über der Daugava auf!

Insider Tipp

In Koknese gibt's die kleine Pension *Kalnavoti* auf einem Bauernhof, die auch Campinggelegenheiten und Angeltouren anbietet *(3 Zi. | Rīgas-Daugavpils soseja | Kokneses pag. | Tel. 29 29 40 27 | www.kalnavoti.lv |* €€*)*. Gemütlich ist auch das Restaurant *Ragalu Kroogs (Blaumana 30 |* €–€€*)*.

NERETA [120 A3]

Touristen verirren sich nur selten in den entlegenen Winkel nahe der litauischen Grenze. Dabei birgt das Dörfchen 55 km südwestlich von Jēkabpils ein kulturgeschichtliches Kleinod: Die Neretas-Kirche, 1593 geweiht, zählt mit ihrem achteckigen Turm und der Arkadengalerie zu den schönsten Kirchenbauten Zemgales.

> DER SCHICKSALSSTROM

Erleben Sie die Daugava vom Floß aus

Mit 1022 km Länge ist die Daugava (Düna) der bedeutendste Fluss des Baltikums. Aus Weißrussland kommend, strömt sie 347 km mitten durch Lettland, von Krāslava bis an die Mündung in die Ostsee, und bildet dabei die Grenze der südlettischen Landschaften Zemgale und Latgale zum historischen Livland. Die Daugava ist Lettlands Schicksalsstrom. Wie ein blauer Faden begleitet sie die Geschichte des Landes und reicht tief in die baltische Vorzeit hinab: Schon vor 9000 Jahren lebten in ihrem Urstromtal Menschen. Eine Fahrt auf der Daugava ist eine Reise durch ein Freilichtmuseum lettischer Vergangenheit. Vorchristliche Kultstätten und Ruinen imposanter Burgen an den Ufern zeugen von bewegten Zeiten.

Romantische Reste: Zu Bauzeiten der Burg war das Dorf Koknese eine wichtige Hansestadt

Üppig verzierte Grabplatten erinnern an die Burggrafenfamilie von Effern, die hier einst herrschte. Die Innenausstattung gilt als bedeutendstes Werk des nordeuropäischen Manierismus in Lettland. Neretas Umgebung, malerisch in das Tal der Suseja gebettet, eignet sich wunderbar für Radtouren und Wanderungen. Ein schönes Ausflugsziel ist der Saukas-See.

SKRĪVERI-WALD [120 A2]

Kanadische Kiefern neben Korkeichen aus Portugal, Bergahorn und Moorbirke: In Skrīveri wächst zusammen, was eigentlich nicht zusammengehört. Der 16 ha große Waldpark des Dorfes an der Daugava, 58 km nordwestlich von Jēkabpils, birgt Bäume sämtlicher 19 Vegetationszonen der nördlichen Erdhalbkugel. Das vor 120 Jahren angelegte Kleinod der Baumkunde ist heute als Skrīveri-Wald jedem lettischen Botaniker ein Begriff.

JELGAVA

[117 E4–5] **Prachtvoll und erhaben wie ein Zarenpalast empfängt ein riesiges Barockschloss jeden Reisenden, der aus Richtung Rīga nach Jelgava kommt.** Es ist das Wahrzeichen der viertgrößten Stadt Lettlands (64 000 Ew.) und Zeugnis einstiger Bedeutung. Im 17. und 18. Jh. stand Jelgava als Hauptstadt des Herzogtums Kurland, zu dem damals auch Zemgale gehörte, für Luxus und Macht. Schon lange vorher ragte anstelle des Schlosses auf der Insel am Zusammenfluss von Lielupe und Driksa die 1265 gegründete Burg *jalgab* des Livländischen Ordens auf, in deren Schutz eine Handwerkersiedlung zur vitalen Handelsstadt aufblühte. Von der alten Schönheit Jelgavas ist nicht viel übrig. Im Sommer 1944 verkrallte sich die Front wochenlang in der Stadt, die dabei in Schutt und Asche sank. Wie ein Mahner an diese Apokalypse ragt die Turmruine der Dreifaltigkeitskirche gegenüber der Schlossinsel auf.

SEHENSWERTES

ACADEMIA PETRINA ★

So nobel studierte einst Lettlands Elite: Das barock-klassizistische Schmuckstück barg die erste höhere Bildungsanstalt des Landes. An der Academia Petrina lernte Krišjānis Barons, legendärer „Vater der Dainas“, ebenso wie spätere Präsidenten Lettlands, Litauens und Polens. Gegründet wurde die Lehranstalt 1775 von Herzog Peter Biron, der dazu das Schloss der Zarin Anna umbauen ließ. Im 35 m hohen Turm richtete man ein astronomisches Observatorium ein. Heute beherbergt die Academia ein Museum. *Akademijas 10*

ALUNĀNS-PARK

Ursprünglich der alte Friedhof der Stadt. Hier liegt Ādolfs Alunāns begraben, einer der großen Söhne der Stadt, Begründer des modernen lettischen Theaters. Vom Alunāns-Park in Richtung Academia kommen Sie an der schönen orthodoxen Kirche vorbei. Sie wurde im Krieg völlig zerstört und erst 1998 wieder aufgebaut. *Pasta/Zirgu*

ANNAKIRCHE (SV. ANNAS BAZNICA)

Die evangelische Annakirche, 1641 erbaut und mit ihrem spitzen Turm leicht zu entdecken, birgt eines des berühmtesten Gemälde des lettischen Nationalmalers Janis Rozenthals: das Altargemälde „Christus und die Samariten“ (1910). Rings um die Kirche stehen in der *Auseklis* und der *Vecpilsetas iela* noch einige der schlichten hölzernen Handwerker- und Kaufmannshäuser aus dem 18. Jh., die erahnen lassen, wie das historische Jelgava einst aussah. *Jaunatnes 1*

MUSEUM FÜR GESCHICHTE UND KUNST (JELGAVAS VĒSTURES UN MĀKSLAS MUZEJS)

Aus Jelgava stammen viele berühmte Menschen der lettischen Historie, z. B. Kārlis Ulmanis, Staatspräsident zwischen den Weltkriegen. Und in Jelgava erschien 1856 die erste rein lettische Zeitung. Mehr über die bewegte Vergangenheit der Stadt erfahren Sie im Museum für Geschichte und Kunst, das nach dem Maler Ge-

Über 30 Jahre Bauzeit: Als Schloss Jelgava fertig war, starb sein Bauherr, Herzog Biron

derts Eliass benannt ist und schon seines Gebäudes wegen einen Besuch lohnt: Es residiert in der einstigen Academia Petrina. *Di–Fr 10–18, Sa/So 10–16 Uhr | Akademijas 10*

SCHLOSS JELGAVA (JELGAVAS PILS) ★

Wer heute in Lettland Landwirtschaft studiert, lernt seine Feldfruchtlektionen in feudalem Ambiente: Im Barockschloss Jelgava residiert die staatliche Agrarakademie. Erbaut wurde es für Ernst Johann Biron, einen Liebhaber von Zarin Anna Iwanowna. Kaum zum Herzog von Kurland ernannt, ließ der sich ab 1738 auf den Wällen der alten Ordensburg eine fürstliche Residenz errichten und beauftragte dafür einen Megastar der damaligen Baumeisterzunft: den St. Petersburger Hofarchitekten Bartolomeo Francesco Rastrelli. Dreieinhalb Jahrzehnte zog sich der Bau der barocken, am Ende schon deutlich klassizistisch geprägten Dreiflügelanlage hin. Erst 1772 bezog die Herzogsfamilie das neue Schloss. Biron hatte von dem Prunk nicht mehr viel: Er starb im selben Jahr.

Das Schicksal des Schlosses spiegelt Lettlands wechselhafte Geschichte wider. Im November 1918 steckten Monarchisten das Palais in Brand, 1944 wurde es fast völlig zerstört. Zwar baute man es immer wieder auf, von seinem ursprünglichen Aussehen hat das Schloss aber viel verloren. Geblieben ist die wundervolle Aussicht auf die Prachtfassade, die sich am schönsten vom ☀ rechten Ufer der Lielupe her bietet.

Unter der Südostecke des Schlosses liegt die Gruft der Herzöge von Kurland, in der die Mitglieder der Familien Kettler und Biron ihre letzte Ruhe fanden. Das Grabgewölbe mit 30 Särgen kann besichtigt werden. Im Schloss gibt's außerdem eine sehenswerte Ausstellung über die Geschichte der Herzogsresidenz. *Mo–Fr 10–16 Uhr | Pilssala*

ESSEN & TRINKEN

CEPLIS

Beliebtes Restaurant im Stadtzentrum, gute Küche, lettische Spezialitäten. *Lielā 49 | Tel. 63 02 47 26 | €€*

KWATRO

Eines der vielen kleinen Cafés, in dem man auch gut und günstig essen kann. *Driksas 1 | €*

TOBAGO

In diesem rustikalen Lokal wird traditionell lettisch aufgetischt. Im Sommer sitzt man schön draußen. *Čakstes bulv 7 | Tel. 63 02 00 57 | www.tobagokrodzins.lv | €€€*

ÜBERNACHTEN

AKVA

Solides und preisgünstiges Hotel mit einfachen Zimmern. *24 Zi. | Birzes 49 | Tel./Fax 63 04 24 44 | €*

JELGAVA

Das Traditionshotel liegt in der Nähe des Schlosses. Es bietet Schwimmbad, Sauna, Café und Restaurant. Die 38 Zimmer sind fast durchweg renoviert. *Lielā 6 | Tel. 63 02 61 93 | Fax 63 08 30 05 | www.hoteljelgava.lv | €€*

KALNA BŪRIŅI

Der zu einem Gästehaus umgebaute einstige Bauernhof aus dem frühen

19. Jh. liegt zwar etwas abseits am Rand von Jelgava, doch das nostalgische Ambiente, die malerische Lage und der schöne Garten lohnen den Umweg. *12 Zi. | Buriņu ceļs 8 | Tel. 29 23 72 52 | €€*

AM ABEND

TONUS ▸▸
Eine Mischung aus Café, Disko und Nachtbar, mit Billard. *Uzvaras 12*

>LOW BUDGET

- Gleich neben dem sehr sehenswerten Museum für Geschichte und Kunst am Rathausplatz von Bauska kann man Weberinnen in ihrer kleinen Werkstatt bei der Arbeit über die Schultern schauen. Die nach altlettischer Tradition aus Wolle und Leinen hergestellten Decken und Tücher sind hier natürlich auch zu kaufen – und das viel günstiger als in den Kunsthandwerksläden der Hauptstadt. *Tgl. 10–16 Uhr | Kalna 6 | www.bauska.tourism.lv*
- Eine Floßfahrt auf der Daugava, ist ein echtes Abenteuer, nicht zu vergleichen mit Ausflugsdampfern oder kippligen Kanus. In Jēkabpils kann man so eine Tour buchen, das 50 m lange Floß hat Platz für bis zu 120 Leute. Es gibt verschiedene Offerten bis hin zu Wochentouren mit vielen Zwischenstopps und individuell planbaren Programmen. Man kann aber auch nur für einen Tag mitfahren: Das ist nicht teuer und bereichert Ihre Lettland-Reise um eine sehr besondere Perspektive. *Plosts Jēkab | Bebru 108 | Tel. 65 23 15 38 | www.daugavasplosts.lv*

AUSKUNFT

Lielā 6 | Tel. 63 02 38 74 oder *Pasta 37 | Tel. 63 02 27 51 | www.jelgava.lv*

ZIELE IN DER UMGEBUNG

BAUSKA **[117 F5]**
Bauska, in der Nähe der Grenze zu Litauen 40 km südöstlich von Jelgava gelegen, ist eine der ältesten Städte des Landes. Im Stadtzentrum stehen einige alte Holzhäuser, und über dem Hochufer der Mūsa ragt ebenso malerisch wie imposant die Ruine der Ordensburg auf. Vom ☀ Burgturm genießen Sie einen schönen Blick auf die Umgebung. Ein Tipp ist Bauska für Liebhaber alter Musik: Alljährlich im Sommer werden in mehreren Schlössern der Umgebung Klassikfestivals veranstaltet. *TIC Bauska | Rātslaukums 1 | Tel. 63 92 37 97 | www.bauska.lv*

MEŽOTNE **[117 F5]**
Das prachtvolle klassizistische Palais, erbaut um das Jahr 1800 vom Hofbaumeister der Zarin Katharina II, Giacomo Quarenghi, ist in den letzten Jahren aufwändig restauriert worden und erstrahlt nun wieder in seinen milden Pastelltönen. Mežotne liegt 38 km südöstlich von Jelgava. Ein Teil des von einem schönen englischen Landschaftspark umgebenen Schlosses ist für Besichtigungen zugänglich *(tgl. 8–17 Uhr)*, der Rest beherbergt ein kleines, elegantes Schlosshotel mit 12 stilvoll und individuell möblierten Zimmern, die Namen tragen wie „Room of Roses" oder „Sleeping beauty" *(Tel. 63 96 07 11 | Fax 63 96 07 25 | www.vide.lv | €€€)*. Insider Tipp

Herzog Biron ließ sich Schloss Rundāle als Sommerresidenz nach Versailler Vorbild bauen

RUNDĀLE (PILSRUNDĀLE) ★ [117 F5]

„Klein Versailles" nennen die Letten das schönste Barockschloss ihres Landes stolz. 138 Kabinette und Säle zählt der nach französischem Vorbild dreiflügelig angelegte Palast, mit prachtvollen Treppenhäusern und Galerien verbunden. Ihren Rundgang beginnen Sie am besten im Thronsaal, wegen seines filigranen Goldstucks auch Goldener Saal genannt. Ein 200 m² großes Deckengemälde preist allegorisch die Tugenden des Herzogs, der hier seine Audienzen abhielt. Nicht minder üppig der von Spiegelfenstern künstlich lichtdurchflutete Weiße Saal. Als Krone des Prunks gilt das mit rotem Marmor und Tapeten aus kostbarem Seidenbrokat ausgekleidete Rosenzimmer.

Leisten konnte sich all diesen Luxus Herzog Ernst Johann Biron, der Rundāle 1735 bis 1768 bauen ließ – als Sommerresidenz. Wie in Jelgava beauftragte er auch hier den genialen Bartolomeo Francesco Rastrelli. Der konnte aus dem Vollen schöpfen: In dem riesigen Schlosspark ließ Rastrelli 328 000 Linden pflanzen. Fertig wurde dieses Kunstwerk französischer Gartenbaukunst allerdings nicht mehr. Der Park wird derzeit anhand der Originalpläne vollendet. Fast abgeschlossen sind mittlerweile die seit 1972 laufenden Restaurierungsarbeiten an dem Ensemble, das in beiden Weltkriegen schweren Schaden nahm. Eine Ausstellung im Schloss informiert darüber.

Als ein Juwel baltisch-barocker Baukunst zieht das 38 km südöstlich von Jelgava gelegene Schloss jährlich nicht nur Zehntausende Besucher an. Die lettische Regierung bringt hier auch gern ihre Staatsgäste unter. Und wer es sich leisten kann, der feiert auf Rundāle fürstlich Hochzeit. *Mai–Okt. tgl. 10–19, Nov.–April 10–17 Uhr | Führungen auf deutsch | Tel./Fax 63 96 21 97 | www.rpm.apollo.lv*

Im angeschlossenen Schlossrestaurant *Pils A & S* wird internationale Küche in herrschaftlichem Ambiente serviert *(Mi–So 10–18 Uhr | Tel. 63 96 21 16 | €€€)*.

> HOHE LEUCHTTÜRME, STILLE SEEN, ALTE STÄDTE, WILDE STRÖME

Entdecken Sie die wunderbaren Geheimnisse der lettischen Provinz

Die Touren sind auf dem hinteren Umschlag und im Reiseatlas grün markiert

1 VON DER RĪGAER BUCHT UM DAS KAP DER ZWEI MEERE

Die „Leuchtturmfahrt“ führt in zwei Tagen 170 km durch eine Region, die 50 Jahre lang kein Fremder zu Gesicht bekam. Kurlands Küste war Sperrgebiet. Vergessen Sie Majoris Ferientrubel, dafür tut sich Ihnen ein verwunschenes Paradies auf: einsame Strände, Dünenketten, Salzluft, die im harzigen Aroma endloser Kiefernwälder zerfließt.

Tukums ist eine alte Stadt. Der seltsame Name stammt vom livischen „tukku mägi“, was so viel wie „ein Haufen Hügel“ heißt: Von einem der Hügel aus wachten schon vor tausend Jahren livische Fürsten über den Bernsteinhandel. Erste Station ist nach 22 km nordwärts **Engure**, beliebt für seinen Strand und berühmt für den frischen Räucherfisch, den die Fischer hier anbieten. Links der Straße verbirgt sich hinter Moorwald und

Bild: Der Marktplatz von Tukums

AUSFLÜGE & TOUREN

Salzwiesen der seichte **Engures ezers**, größter Lagunensee der lettischen Küste und ein Wasservogelreservat europäischen Ranges. Überblicken lässt sich das geschützte Gewässer am besten von einem Beobachtungsturm am Nordufer bei **Mešrags**. Das alte Dorf mit jahrhundertealter Fischereitradition erreichen Sie nach weiteren 30 km. Es heißt nach einem von der Seefahrt gefürchteten Kap, vor dem heute ein Leuchtturm warnt.

Die Küste wird nun immer einsamer, nur wenige Orte säumen den Weg, **Roja** etwa. Einst Zentrum des kurländischen Segelschiffbaus, heute ein munteres Hafendorf, das eine Pause lohnt: Ein **kleines Museum** gibt Einblick in das Leben der Küstenfischer im 19. Jh. Üben Sie sich im Knüpfen von Netzen und lernen Sie einen echten Seemannsknoten *(Jūras Zveniecības muzejs | Di–Sa 10 bis 18 Uhr | Selgas 33)*.

Von Roja ist es nicht mehr weit bis zum ersten Höhepunkt der Tour: **Kolkasrags** *(S. 59)*, das legendäre Nordkap Kurzemes. „Strand der zwei Meere" nennen die Einheimischen die windige Landspitze, weil an ihr Ostsee und Rīgaer Bucht zusammenstoßen, und das mitunter ziemlich turbulent. Am Strand liegen Trümmer eines alten Leuchtturms, der heutige steht seit 1884 vier Kilometer vor der Küste am Ende der **Kolka-Sandbank**. Ein Signalfeuer am Kap kennt man seit dem 11. Jh., damals freilich entzündet von Strandpiraten, die so Schiffe auf die Untiefe lockten und ausraubten.

Ein weiteres historisches Seezeichen steht vier Kilometer im Landesinneren (!), und ersteigen sollten Sie es schon der phantastischen Sicht wegen: Vom Kopf des roten Insider Tipp *Leuchtturms Slītere*, 59 m über dem Meer, reicht die Sicht bei schönem Wetter bis zur estnischen Insel Saaremaa. Der Turm beherbergt eine Ausstellung des **Slītere-Nationalparks**, zu dem auch Kolkasrags gehört. In 60 Jahren Isolation schuf die Natur hier eine urwaldartige Wildnis *(S. 59)*.

Am Kap erinnert eine **Sandsteinskulptur** an die Liven, die Ureinwohner der baltischen Küste. Ihre letzten Nachfahren leben hier in einigen ethnografisch geschützten Dörfern, deren kulturelles Zentrum **Mazirbe** *(S. 59)* ist, 18 km südwestlich von Kolka. Dort steht das livische Kulturhaus mit einem kleinen Museum. Erbaut wurde es 1939 mit Hilfe Estlands und Ungarns, den Verwandten des finno-ugrischen Volkes. Auf der Weiterfahrt in diese Richtung lohnt sich eine Rast in Insider Tipp *Košrags*. In dem Dörfchen stehen noch einige der alten, traditionellen Fischerkaten. Kein einziger Nagel wurde bei ihrem Bau verwendet. Košrags, Pitrags, Sīkrags, Vaide, Mazirbe – die Livendörfer leben, seit der Bann der Sperrzone von ihnen abgefallen ist, nun wieder von der Küstenfischerei. Zum Übernachten gibt's hier einige nette Privatquartiere, in Mazirbe auch eine kleine *Pension (6 Zi. | Kalēji | Tel. 63 24 83 74 | €)*.

2 RUNDFAHRT DURCH DEN GAUJA-NATIONALPARK

Lettlands Lieblingswanderland, das Urstromtal der Gauja und die „Livländische Schweiz", können Sie auf verschiedene Weise entdecken. Diese Tour führt als Autorundfahrt zu den schönsten Orten des Nationalparks, sie lässt sich an den einzelnen Stationen jeweils mit Wanderrouten kombinieren. Nehmen Sie sich für die etwa 150 km lange Strecke zwei Tage Zeit, die Landschaft hat es in sich. Zudem gibt's jede Menge Aktivangebote von Bungee bis Kanurafting. Als Übernachtungsort bietet sich Cēsis an.

Die Strecke beginnt in der Burgenstadt **Sigulda** *(S. 74)*. Im *TIC (Pils 4a)*, im *Besucherzentrum des Nationalparks (Baznīcas 3)* oder im *Infozentrum Makars (Peldu 1)* bekommen Sie gutes Kartenmaterial.

Erstes Ziel der Tour ist **Līgatne**, 20 km nordöstlich, das Sie am besten über die A 2 *(Vidzemes šoseja)* in Richtung Alūksne erreichen. Līgatne wuchs im 19. Jh. um eine Papiermühle herum. Hier wurden mehrere schöne Wanderwege und Lehrpfade angelegt. Sie können z.B. mit der

Fähre die Gauja überqueren und ein Stück in westliche Richtung zu den 200 m langen **Glūdu-Felsen** *(Glūdu klints)* spazieren, die ein schönes Echo zurückwerfen. Oder *weiter flussabwärts zur Dagnes-Höhle (Dagnes ala)*. Die kleine, rot schimmernde Höhle, von zahllosen Frühlingshochwassern aus dem Sandstein gespült, liegt versteckt in herrlichem Laubwald an der Mündung des Flüsschens *Liepu Strauts* in die Gauja.

Insider Tipp

Die Rundfahrt führt dann von Līgatne am Schlossberg vorbei auf einer unbefestigten, kurvigen Straße durch die Tallandschaft in Richtung Kārli. Nach acht Kilometern zweigt ein Wanderweg nach links ab. Er führt zu einem der schönsten Plätze am Gauja-Ufer, der Felswand mit den Stromschnellen **Ķūķu krāces**. Eine weitere atemberaubend schöne Stelle erreichen Sie, wenn Sie hinter der Brücke, die kurz darauf die Amata überquert, nach rechts auf einem ausgeschilderten Pfad zum **Zvārtas iezis**, dem Adlerfelsen, wandern.

Von Kārli ist es nicht mehr weit bis zur Straße nach Cēsis, auf der Sie eine weitere sehenswerte Station der Tour erreichen: die *Seeburg von Āraiži*. Auf der Insel des Āraiži-Sees entdeckten Archäologen 1864 die Reste eines großen lettgallischen Wehrdorfes, das man in Teilen originalgetreu rekonstruierte. Als anschauliches Abbild der heidnischen Kultur des 9. Jhs. ist die hölzerne „Burg" in ganz Lettland bekannt und auch für Kinder ein spannendes Erlebnis *(April–Nov. tgl. 9–18 Uhr)*. Malerisch schmiegt sich das Guts-

Insider Tipp

Die Sandsteinskulptur steht zu Ehren der Liven, der Urbewohner dieser Küste, am Kolkasrags

dorf mit Kirche und Holländermühle an den See. Von Āraiži sind es nur noch wenige Autominuten bis **Cēsis** *(S. 71ff.)*. Die geschichtsträchtige Stadt lädt zu einem entspannten Bummel ein.

Die Tour setzt nun über auf die andere Seite des Tals. Sie verlassen Cēsis auf der Straße Richtung Limbaži. Auf der Gauja-Brücke bietet sich ein Top-Fotomotiv: Rechts ragen die **Sakanāsklippen** über dem Flussufer auf.

Nach etwa zwölf Kilometern passieren Sie den **Ungurū ezers**, den größten See des Nationalparks. Am ehemaligen Gasthaus *Maizas krogs* zweigt rechts eine schöne Eichenallee zum *Gut Ungurmuiža* ab. Dort steht das einzige hölzerne Barockschloss Lettlands. Innen sind schöne Wand- und Deckenmalereien erhalten, die besichtigt werden können *(Di–So 9–17 Uhr)*. Das aus dem frühen 18. Jh. stammende zierliche Teehaus im Park erinnert an die damals modische Vorliebe für chinesische Kultur.

Insider Tipp

Auf der A3 Sigulda–Valmiera, die Sie nach ein paar Kilometern erreichen, biegen Sie nach links ab und kommen kurz darauf nach **Straupe**, dessen Schlossensemble **Lielstraupe** *(Lielstraupes pils)* zu besichtigen lohnt *(tgl. 9–19 Uhr)*. Es entstand im 13. Jh. als Burg des erzbischöflichen Vasallen Fabian von Rosen und verfiel später. Seine Nachfahren bauten es 1727 im Stil des Barock wieder auf. In der prachtvollen Kirche, selten einträchtig mit dem Schloss unter einem Dach, finden im Sommer oft Orgelkonzerte statt. Von Straupe aus sind es noch 25 km bis Sigulda.

3 VON DAUGAVPILS DURCH DIE LATGALER SEENPLATTE

Schrecken Sie nicht davor zurück, dass der Osten des Landes touristisch noch als Niemandsland gilt. Auf dieser Tour durch ein hügeliges Mosaik aus Wäldern, Wiesen und über 300 Seen entdecken Sie ein wunderbar unverbrauchtes, stilles Land mit eigenem Zeitmaß. An einem Tag ist die etwa 130 km lange Route durch die Latgaler Seenplatte mit dem Auto gut zu schaffen. Von den Etappen und (einfachen) Übernachtungsmöglichkeiten her lohnt sie sich ebenso zum entspannten Radwandern, in diesem Fall planen Sie drei Tage ein.

Die erste Etappe der Tour führt auf der A 6 nach **Krāslava** entlang der Daugava-Schleifen. Majestätisch windet sich der Strom östlich von Daugavpils durch sein breites Tal, gerahmt von Sandsteinfelsen. Vom ausgeschilderten **Markova-Burgberg** *(Markovas pilskalns)* bietet sich der schönste Ausblick auf die grandiose Landschaft des **Naturparks Daugavas loki**.

In Krāslava biegen Sie links auf die Landstraße P 62 Richtung Aglona ab. Kurz darauf erreichen Sie Kombuļi, wo ein Abzweig zum **Sauleskalns** *(S. 65)* lohnt. Der „Sonnenberg" ist etwas schwer zu finden, achten Sie nach ca. drei Kilometern auf die Bushaltestelle „Sauleskalns", dort biegen Sie nach rechts ab. Die Jugendherberge südlich des Berges, zu Sowjetzeiten das bedeutendste touristische Zentrum Latgales, existiert nur noch in Resten und ist lediglich genügsamsten Gemütern zuzumuten.

Wieder zurück auf der Straße nach Aglona, passieren Sie nach zehn Kilometern einen kleinen See, an dem

Außen so schön wie innen: das barocke Holzschlösschen auf Gut Ungurmuiža

(wieder einmal) der Teufel sein Unwesen treiben soll. Wirklich faszinierend am **Velnezers**, dem Teufelssee, ist seine Eigenart, je nach Lichteinfall seine Farben zu ändern.

Nun naht **Aglona**. Schon von weitem leuchtet der schneeweiße Doppelturm der berühmten Basilika, eines Wallfahrtsorts der katholischen Welt Osteuropas *(S. 64)*. Rings um Aglona liegen einige der schönsten Seen Latgales. An einem kommen Sie bald vorbei, wenn Sie durch das stille Land in Richtung Dagda weiterfahren: der buchtenreiche **Rušons-See**, eine grünblau schimmernde Perle, ihrerseits von einem Kleinod gesäumt: dem Dorf **Bērzgale** am Südufer mit barockem Holzkirchlein. In Kapiņi biegt links ein Weg nach Bērzgale ab. Gleich mehrere Seen stoßen im Tal bei Dagda zusammen. Den namenstiftenden **Dagdas ezers** mit seinen zwölf Inseln kann man umwandern.

Die Seerundfahrt führt nun auf der Landstraße in nördliche Richtung. In **Ezerniki** überrascht ein riesiger Hotelkomplex, der aus Zeiten organisierten Urlaubs stammt und damals sehr beliebt war. Derzeit steht die Ferienstätte großenteils leer, auf den erhofften Investor wartet die Region bislang vergebens *(Turistu Centrs Ezernieki | 158 Zi. | Tel. 65 65 53 42 | €)*. Die Seen ringsum sind Teil eines Naturschutzgebiets, der **Ežezers** selbst mit seinen 69 Inseln zählt zu den schönsten Seen Lettlands.

Nun ist Rēzekne nicht mehr weit. Die Landschaft, in der Dörfer nach ihren Seen heißen, ist wunderbar wellig, Ketten eiszeitlicher Endmoränen prägen das Bild – „Berge" wie der **Lielais liepu kalns**, mit 289 m Höhe einer der höchsten Gipfel im Baltikum. Noch einmal glitzert eine Wasserfläche im Licht, der **Rāznas-See**, an dessen Ufer es mehrere Naturstrände gibt. Gönnen Sie sich eine Erfrischung, schwimmen Sie im klaren Wasser des Rāznas, bevor die Tour durch das Land der Blauen Seen in **Rēzekne** zu Ende geht.

EIN TAG IN UND UM RĪGA

Action pur und einmalige Erlebnisse.
Gehen Sie auf Tour mit unserem Szene-Scout

FRÜHSTÜCK MIT RĪGA-FLAIR

9:00

Wenn morgens die ersten Sonnenstrahlen auf der Nase kitzeln, ist es Zeit, die Stadt zu entdecken! In die Altstadt schlendern und dem Kaffeeduft bis auf die Holzveranda des *Salt 'n' Pepper* folgen. Zu Bacon und Spiegeleiern vom englischen Frühstücksbuffett gibt's funky Chillout-Sounds. **WO?** *Palasta iela 10 | Tel. 67 22 11 42*

10:00

HOCH HINAUS

Mit dem Lift 385,5 m nach oben sausen. Vom dreibeinigen Fernsehturm *Televīzijas tornis* aus gibt's die beste Sicht auf den Rīgaer Meerbusen. Tipp: Mütze festhalten! Es wird windig! **WO?** *Autobus Nr. 40 vom Hbf „Centrālā stacija" bis Zaķusala „Haseninsel" | Kosten: Fahrt 60 Cent, Turm 2,50 Euro*

KALTER BORSCHTSCH AN HEISSEN TAGEN

12:00

Im Sommer kann es ganz schön heiß werden in der City. Da schwitzen auch die Letten und löffeln mittags am liebsten kalte Suppe aus Rote Beete und Kefir. Eine besonders feine Variante der *auksta biežu zupa* gibt's im einstigen Standesamt *Maurīcijs*. Geschlemmt wird im Freien unter Sonnenschirmen und mit Blick auf den pittoresken Kronvalda Park. **WO?** *Alunana iela 2 | www.mauricius.lv*

ALLES IM FLUSS

13:00

Lust auf ein bisschen Bewegung? Absoluter Renner ist eine Bootsfahrt durch den Stadtkanal *Pilsētas kanāls*, der die Altstadt von der Neustadt trennt. Einfach im Bastejkalnspark ein Tret- oder Ruderboot ausleihen und romantisch übers Wasser schippern. **WO?** *Bootsanlegestelle Bastejkalnspark*

14:30

KOFFEIN-FLASH

Raus aus dem Boot und auf zum leckeren Nachmittags-Wachmacher im trendigen *All Cappuccino*. Bei oldschool Soul und Funk schlürft man den besten Kaffee der Stadt und genießt dabei den Ausblick auf die schönsten Jugendstilhäuser Rīgas. **WO?** *Antonijas iela 11 | Tel. 67 33 42 63*

24 h

LITERAT(O)UR

15:30

Frisch gestärkt geht's auf literarische Entdeckungsreise. Der Übersetzer Matthias Knoll liest Gedichte und alte Chroniken im passenden Ambiente: Auf Hinterhöfen, Brücken, Plätzen und in Parks und Altstadtgassen werden alte lettische Geschichten zum Leben erweckt. Echt spannend! **WO?** *Start wird individuell festgelegt | Anmeldung unter mail@literatur.lv oder Tel. 67 55 49 42 | Kosten 10 Euro pro Person | www.literatur.lv*

18:00

ADRENALIN PUR!

Etwa 50 km außerhalb Rīgas wird's wild! In einem Windtunnel lernt man fliegen! Zuerst heißt es aber: Rein in den Spezialanzug! Hierin wirkt man wie eine Kreuzung aus Astronaut und Michelin-Männchen. Sobald die Turbinen voll aufdrehen, schwebt man in der Luft! **WO?** *Am km 47 der Landstraße Rīga–Sigulda Richtung Siguldas bloks rechts abbiegen | Anmeldung nötig: Tel. 28 38 44 00 | Kosten: 21 Euro/2 Min. | www.aerodium.lv*

BOHEMIAN TALK

20:00

Im *Teātra bāra restorāns* trifft sich die unkonventionelle Szene zu einem Glas Cabernet Sauvignon mit Avocado-Carpaccio. Tipp: An lauen Sommerabenden einen Tisch auf der großzügigen Terrasse im Hinterhof des populären *Rīgas Jaunais Teātris* ergattern. Aber auch das Interior des Restaurants, ein Mix aus Vintage und Modern, lädt zum Essen ein. **WO?** *Lāčplēša ielā 25 | Vorher reservieren: Tel. 67 28 50 51 | www.teatrabars.lv*

22:30

NIGHTLIFE MIT AUSBLICK

Vom Hinterhof aufs Dach des *Hotel Albert*. Die hippe *Star Lounge Bar* ist der Place to be, um ins Nachtleben der City zu starten und leckere Cocktails zu schlürfen. Die kann man dort sogar auf der Dachterrasse zu sich nehmen und dabei den Ausblick auf Alt-Rīga und die nächtlichen Glitzerlichter genießen. Ein echter Geheimtipp! **WO?** *Dzirnavu iela 33 | www.alberthotel.lv*

> ANGELN, REITEN ODER LIEBER WASSERWANDERN?

Für einen aktiven Urlaub hat Lettland zwischen Meer und Moor eine Menge zu bieten

> Für alle, die Landschaften am liebsten erwandern oder mit dem Fahrrad entdecken, gern Flüsse und stille Seen im Kanu erkunden, angeln, reiten oder segeln, ist Lettland ein wahres Paradies. Die Möglichkeiten für einen aktiven Urlaub haben sich vielerorts stark verbessert.

Die Besucherzentren in den drei Nationalparks und sechs Naturreservaten organisieren Exkursionen, Aktivtourismus-Anbieter wie *Eži (Activa Turisma Centrs Eži | Cēsis | Lenku 7 a | Tel. 64 10 72 63 | www.ezi.lv)* und *Makars (Makars Camping | Sigulda | Peldu 1 | Tel. 29 24 49 48 | www.makars.lv)* verleihen Fahrräder, Zelte und Kanus samt Ausrüstung oder stellen ganze Tourenprogramme zusammen.

Außerhalb von Touristenzentren wie Jūrmala oder Sigulda sind solche Angebote freilich noch Mangelware. Auf den stillen Straßen Nordvidzemes oder in der Seenplatte Latgales müssen Sie sich ihre Wege selbst su-

SPORT & AKTIVITÄTEN

chen. Doch das hat bekanntlich auch seinen Reiz, und manches Paradies, das Sie dabei entdecken werden, haben Sie (noch) ganz für sich allein.

ANGELN

Angeln ist in Lettland Volkssport, was nicht wundert in einem Land mit so vielen Flüssen und Seen. Wer in lettischen Gewässern seine Angel auswerfen will, muss sich zuerst einen Angelschein kaufen. Den gibt's in Geschäften mit Angelzubehör, oft auch im Postamt. Notfalls im TIC fragen. An privaten Seen ist zusätzlich eine Erlaubnis des Besitzers und eine Angellizenz nötig, auch in Naturreservaten unterliegt das Angeln Beschränkungen. Detaillierte Informationen bekommen Sie beim *Verband der Angler und Jäger (Latvijas makšķernieku un mednieku biedriba) in Rīga* | *Kungu 8* | *Tel. 67 21 29 52,* oder beim *Lettischen Forstamt* in

Rīga, *Kristapa 30 | Tel. 67 60 20 75 | www.lvm.lv*.

BALLONFAHRT

Der erfahrene Ballonpilot Gunārs Dukste bietet Fahrten mit dem Heißluftballon über Rīga an. Ein teures *(ab 100 Euro pro Person/Std.)*, aber unvergessliches Erlebnis. Buchbar über den *Reiseclub Altius | Valguma 8/10 | Tel. 67 61 16 14 | www.altius.lv*.

GOLF

Große Golfplätze hat Lettland nur wenige. Die modernste (18-Loch-) Anlage finden Sie am nördlichen Rand Rīgas am *Kiš-See*: der von Eishockeystar Sandis Ozoliņš gegründete *Ozo-Golfplatz (www.ozogolf.lv)*.

KANU & KAJAK

Lettlands Flüsse bieten 2000 km Paddelstrecken von gemächlich bis wild. Schönstes Revier ist der *Gauja-Nationalpark*. Die Gauja ist auch für weniger geübte Paddler geeignet. Sportlicher geht's auf ihrem Nebenfluss, der stromschnellenreichen *Amata* zu. Schöne Kanuflüsse sind auch die *Abava* in der Kurländischen Schweiz, die geheimnisvolle *Salaca* im Nordosten und natürlich die *Daugava*. Wenn Sie Lettland auf dem größten Strom des Baltikums durchqueren, sind sie 360 km unterwegs. Kanutipps für Lettland und Bootsverleih: *Campo | Tel. 29 22 23 39 | www.laivas.lv*. Eine komplette Kanuwanderkarte für ganz Lettland gibt es noch nicht, aber gute und sehr detaillierte Karten für populäre Reviere wie Gauja-Tal und Salaca. Erhältlich sind sie in der Fachbuchhandlung *Jāņa sēta* in Rīga *(Elizabetes 83–85 | www.kartes.lv)*.

RADWANDERN

Mit seinen sanften Hügeln und weiten Ebenen ist Lettland für ausgedehnte Radtouren wie geschaffen. An Radwegen mangelt es allerdings noch, ebenso an ausgewiesenen Routen. Empfehlenswert für einen landesweiten Überblick ist die *Latvijas velomaršrutu karte*, zu beziehen über größere Buchläden oder die örtlichen Tourismusbüros. Meiden Sie möglichst Fernverkehrsstraßen, man nimmt dort wenig Rücksicht auf Radfahrer. Weichen Sie lieber auf Nebenstraßen aus. Unangenehm sind nur die Schotterpisten, die in den ländlichen Regionen noch sehr verbreitet sind. Aktuelle Infos zum Thema Radwandern in Lettland gibt's unter *www.traveller.lv* oder bei den lettischen Fahrradkurieren *www.velokurjers.lv*.

REITEN

Viele Anbieter von Urlaub auf dem Bauernhof haben auch an Reitmöglichkeiten für Anfänger und Könner gedacht, Reiterhöfe organisieren geführte Touren und Ausritte. Gute Angebote gibt's im *Gauja-Nationalpark (Tel. 67 97 45 84)*, eine Liste von Reiterhöfen unter *www.traveller.lv*.

SEGELN & SURFEN

Die Ostseeküste, heute Lettlands größtes Revier, war als Grenzgebiet Jahrzehnte lang tabu für den Segelsport. Inzwischen haben sich mehrere Yachtclubs etabliert: Rīga *(Sturmana 1a | Tel. 67 43 25 64)*, Liepāja *(Veca osmala 41 | Tel. 63 42 68 36)*, Ventspils *(Jāņa 19 | Tel. 63 62 11 36)* und Jūrmala/Lielupe *(Vikingu 6 | Tel. 67 77 53 91)*. Hier finden Sie Mitsegelgelegenheiten und können z.T. auch chartern. Wer auf eigenem Kiel nach Lettland oder die Küste entlang segelt, kann zwischen Liepāja und Salacgrīva neun Häfen anlaufen. Aktuelle Infos: *www.latviancoast.lv*. Beliebtes Binnensegelrevier ist der *Usmas-See* nördlich von Kuldiga. Hier können Sie auch Boote ausleihen *(Tel. 26 33 45 00 | www.umas.lv)*. Stürmisch entwickelt hat sich die Windsurferszene, ihre Hochburg ist *Liepāja*.

Radfahrers Traum: sanfte Hügel, weite Ebenen und dazwischen was Schönes zum Anschauen

VÖGEL BEOBACHTEN

In Lettland nisten Vogelarten, die in Westeuropa längst ausgestorben sind wie Birkhühner, Schwarzstörche, Adler- und seltene Eulenarten. Der *Papes-See* südlich Liepājas ist ein nordeuropäischer Brennpunkt des Vogelzugs. Über den Landstreifen zwischen Lagune und Küste ziehen von August bis November etwa 10 Mio. Vögel und – europaweit einzigartig – riesige Schwärme von Fledermäusen hinweg. Der WWF hat hier Beobachtungstürme installiert *(www.wwf.lv)*. Seltene Vögel lassen sich außerdem im *Teiči-Hochmoor* südlich von Madona und im *Ķemeri-Nationalpark* bei Jūrmala beobachten. Das lettische Fremdenverkehrsamt hat die Broschüre „Naturtourismus in Lettland" herausgegeben, in der alle Ökoreservate mit Lehrpfaden und Kontaktadressen übersichtlich zusammengefasst sind. *Lettlands Ornithologenverband: Rīga | Kalnciema 27 | Tel. 67 22 15 80 | www.putni.lv*

Insider Tipp

> MÄRCHENWALD UND SOMMERRODELN

Auf kleine Besucher warten in Lettland allerhand Abenteuer, eine Menge Sand und eine Riesenbadewanne namens Ostsee

> Langeweile droht Familien mit Kindern in Lettland kaum. Das grüne, weite Land steckt voller Abenteuer. Gemeinsam wildromantische Wälder durchwandern, uralte Burghügel und geheimnisvolle Sandsteinhöhlen erkunden, per Kanu oder Floß flussabwärts treiben oder abends an einem See ein Lagerfeuer entfachen.

Unterhaltung von Autoskooter bis Zirkus bietet vor allem Rīga. Doch Sommerrodeln und Schmalspurbahn sorgen auch außerhalb der Hauptstadt für Abwechslung, und an einem Strand wie dem von Jūrmala fühlen sich Kinder von Natur aus wohl. Sollten Salzluft und Sandburgen nicht reichen: Alle großen Seebäder haben sich inzwischen aufwändige Aquaparks zugelegt.

RĪGA UND JŪRMALA

LIDO ATPÛTAS CENTR [0]

Willkommen im „größten Blockhaus an der Ostsee“: Dieses Flaggschiff

Bild: Am Juglas-See bei Rīga

MIT KINDERN REISEN

der lettischen Restaurantkette *Lido* in Rīga ist vor allem bei Familien Kult. In der rustikalen Mischung aus Freizeitpark und Gaststätte kommt jeder auf den Geschmack. Das Mega-Lido steht an der Straße Richtung Daugavpils, die große Windmühle ist nicht zu übersehen. Lido betreibt sogar eine eigene Buslinie *(A 107)*, die alle paar Minuten vom Bahnhof abfährt. *Krasta 76 | Tel. 67 81 21 83 |* €€

LĪVU AKVAPARKS JŪRMALA [117 E4]

Im größten und modernsten Spaßbad kann man locker einen ganzen Tag verbringen, ohne dass es langweilig wird. Der Līvu Akvaparks ist ein Wasserparadies der Superlative, das bis zu den künstlichen Stromschnellen des „Orinoko-River" 40 Attraktionen von sanft bis extrem parat hält. Krönung ist die „Ciba-Rutsche", eine 211 m lange, verschlungene Tunnelröhre, durch die man in

Gummibooten hinabsaust. *Mo–Fr 12–22, Sa/So 10–22 Uhr | Viestura 24 | Jūrmala | www.akvaparks.lv | Eintritt für 2 Std.: Kinder 6–14 Jahre 3 Euro, Erwachsene 5 Euro*

MEŽAPARK [0]

Rīgas größte und schönste Parkanlage am nördlichen Stadtrand ist bei Familien mit Kindern beliebt. Mit ihrem Mix aus Entspannung und Unterhaltung bietet die 420 ha große Anlage eine Menge: Man kann Insider Tipp im Vergnügungspark Karussell und Minieisenbahn fahren, an einer der Eisbuden sein Taschengeld ausgeben oder einfach entlang des malerischen Kiš-Sees spazieren gehen.

ZIRKUS [U D4]

Rīgas Zirkus gastiert nahe dem Bahnhof in einem Haus, in dem Kinder sichtlich willkommen sind: Die Stühle und selbst die Garderobe sind kindgerecht tief. Das Programm in der Manege ist der klassische Mix aus Artistik, Dressur und Clownerie. *Fr 18, Sa/So 12, 15 und 18 Uhr | Merķeļa 4 | Kinder 40 Cent, Erwachsene 70 Cent*

ZOO [0]

Elche, Eisbären, Elefanten: Über 3000 Tiere leben im Rīgaer Zoo, dem einzigen des Landes. *Tgl. 10–18, im Sommer 10–20 Uhr | Meža pr. 1 | Kinder 50 Cent, Erwachsene 1,40 Euro*

VIDZEME

ABENTEUERPARK MEŽAKAĶIS [118 A4]

Für Kinder und Erwachsene ein Heidenspaß ist der Erlebnis-Waldpark „Mežakaķis“ in Sigulda, nahe der Bobbahn. An 45 Stationen können Sie Ihr akrobatisches Geschick im Balancieren, Klettern und Hangeln testen. *Im Sommer tgl. 10–18 Uhr | Kinder 8 Euro, Erwachsene 15 Euro | www.mezakakis.lv*

BOBBAHN SIGULDA [118 A4]

Mit bis zu 120 km/h rasen die Rennschlitten im Winter die Bobbahn Sigulda hinunter. Im Sommer, wenn die Profis Pause machen, dürfen Touristen es ihnen auf entschärften Rollerbobs nachmachen. *Mai–Sept. 10–18 Uhr | Šveices 13 | Kinder 40 Cent, Erwachsene 70 Cent*

SCHMALSPURBAHN ALŪKSNE [119 E3]

Fast wie in alten Tagen bummelt eine Schmalspurbahn zwischen Alūksne und Gulbene durch die malerische Vidzemer Hochebene. Es ist die letzte Kleinbahn, die im Baltikum noch regelmäßig fährt. Drei Stunden braucht der Minizug für die ganze Strecke, aber unterwegs gibt's viele Haltepunkte, an denen man aussteigen kann. *Abfahrtszeiten Alūksne tgl. 7.50/19.50, Mo–Fr auch 15.20, sonn- und feiertags auch 12 Uhr | Kinder 30 Cent, Erwachsene 60 Cent | www.banitis.lv*

WILDPARK LĪGATNE [118 B3]

Bären, Wisente, Luchse und Elche sind im Gauja-Nationalpark längst ausgestorben. Dann muss man sie halt zurückholen: In Līgatne, 20 km südöstlich von Cēsis, können Sie die einstigen Bewohner der Urwälder von Aussichtsplattformen des Wildparks fast wie in freier Wildbahn beobachten. *Mai–Okt. tgl. 10–18 Uhr, sonst bis zur Dämmerung | Kinder 50 Cent, Erwachsene 2 Euro*

KURZEME

AQUAPARK VENTSPILS [116 B2]

Der moderne Wasserpark mit Riesenrutsche und diversen Pools nahe der Promenade avancierte vom Fleck weg zu einem Ferienhit der Ostseestadt. Nebenan wartet das „Kinderstädtchen“ auf kleine Gäste, ein großer Abenteuerspielplatz. *Tgl. 10–19 Uhr | 1,5-Std.-Ticket wochentags Kinder 40 Cent, Erwachsene 1 Euro, Sa/So Kinder 60 Cent, Erwachsene 1,30 Euro*

Wer trägt denn hier den schönsten Kranz zur lettischen Tracht?

ZEMGALE

MÄRCHENWALD TĒRVETE [117 E5]

Der Wald *Kalnamuiža* bei Tērvete, 30 km südwestlich von Jelgava, ist im ganzen Land berühmt – der Märchenfiguren und Sagenwesen wegen, die dort als skurrile Holzskulpturen die verschlungenen Wege des Märchenwaldes bevölkern: der Waldkönig, der alte Zwerg und natürlich Maija und Paija, die Lieblingsmärchenfiguren aller lettischen Kinder aus den Geschichten von Anna Brigadēre (1861 bis 1933). Die populäre Kinderbuchautorin, eine Art lettische Astrid Lindgren, lebte in Tērvete. Ihr Haus *Sprīdīši* am Park ist heute *Museum (Mai–Dez. Di–So 11 bis 17 Uhr | Kinder 40 Cent, Erwachsene 1 Euro)*. In dem wundervollen Park von Tērvete lässt es sich einen ganzen Tag aushalten. Ein Geflecht von thematischen Wanderwegen verbindet verschiedene Waldlandschaften miteinander, vom Sonnenpark über den Silberhain bis zum märchenhaften Zwergenland. Insider Tipp

> VON ANREISE BIS ZOLL

Urlaub von Anfang bis Ende: die wichtigsten Adressen und Informationen für Ihre Lettlandreise

ANREISE

AUTO

Empfohlene Route: auf der gut ausgebauten *Via Baltica* (E 67) von Warschau aus über Białystok/Suwałki in Richtung Rīga. Alternativ können Sie von Kaunas auch über Ukmergė in Richtung Daugavpils (Smelinė-Vikumiests), über Šiauliai (Plikiškiai-Eleja) oder über Klaipėda (Butingė-Gigas) nach Lettland einreisen.

BAHN

Es gibt keine direkte Bahnverbindung nach Rīga. Man fährt von Berlin über Warschau nach Vilnius (tgl., Fahrzeit 19 St.). Von dort fahren Züge nach Rīga, allerdings nicht mehr jeden Tag. Alternative wären Reisebusse, die täglich zwischen Vilnius und Rīga verkehren. Wirklich empfehlenswert ist eine Bahnanreise daher nicht. Aktuelle Info: *www.bahn.de*

BUS

Von vielen deutschen Städten fahren täglich internationale Fernreisebusse nach Rīga. Die Fahrt Berlin–Rīga dauert etwa 20 St. und kostet zwischen 75 und 90 Euro. Nähere Infos z. B. unter: *www.deutsche-touring.com*, *www.eurolines.com*

FÄHRE

Autofähren verkehren bis zu viermal wöchentlich auf den Strecken Lü-

PRAKTISCHE HINWEISE

beck–Riga und Lübeck–Ventspils *(www.dfdslisco.com)* sowie Rostock–Ventspils *(www.scandlines.de)*. Alternativ geht's auch von Kiel oder Saßnitz/Mukran mit der Lisco-Fähre nach Klaipeda (Litauen) und von dort auf dem Landweg weiter nach Lettland. Fahrzeit: 25–35 Std. In der Hauptsaison kostet die einfache Passage Lübeck–Rīga mit Zweibettkabine ca. 220 Euro, mit Auto 85 Euro mehr. Einen aktuellen Überblick über alle Fährverbindungen (auch von und nach Skandinavien) gibt's bei *Rīga Sea Line | Tel. 00371/67 20 54 60 | Fax 67 20 54 61 | www.rigasealine.lv* oder auf *www.baltikum24.de*.

FLUG

Lettlands Fluggesellschaft *Airbaltic* fliegt Rīga von Berlin, Hamburg, Köln, München, Stuttgart, Wien und Zürich aus an, die *Lufthansa* tgl. ab Frankfurt. Die Flüge kosten ab 490 Euro. Auch Billigflieger haben Lettlands Hauptstadt ab 24 Euro pro Flug im Programm, das Angebot wird immer besser. *Easyjet* startet tgl. von Berlin-Schönefeld, *Ryanair* von Frankfurt-Hahn und Bremen. Die polnische *Lot* bietet dreimal wöchentlich Verbindungen ab Frankfurt. Aktueller Flugplan: *www.riga-airport.com*

AUSKUNFT

IN DEUTSCHLAND

Baltikum Tourismus Zentrale | Katharinenstr. 19 | 10711 Berlin | Tel. 030/89 00 90 91 | Fax 89 00 90 92 | www.gobaltic.de

IN LETTLAND

Lettisches Fremdenverkehrsamt (Latvias turisma attistibas agentura) | Pils laukums 4 | 1050 Rīga | Tel. 67 22 99 45 | Fax 67 08 53 93 oder Smilsu 4 | Tel. 67 22 46 64 | Fax 67 22 46 65 | www.latviatourism.lv. In allen größeren Orten Lettlands finden Sie außerdem *TIC (Turisma informacijas centrs)*, leicht erkennbar am internationalen grün-weißen „i"-Signet.

WÄHRUNGSRECHNER

€	Ls.	Ls.	€
1	0,71	1	1,45
2	1,42	2	2,90
3	2,13	3	4,35
4	2,84	4	5,79
5	3,55	5	7,24
10	7,11	10	14,49
50	35,54	50	72,44
100	71,07	100	144,89
200	142,15	200	289,77

AUTO

Höchstgeschwindigkeit: Autobahn 110 km/h, Landstraße 90 km/h, innerorts 50 km/h. Viele Radarkontrollen! In Lettland muss tagsüber mit Abblendlicht gefahren werden.

Die Promillegrenze liegt bei 0,5. Die lettische Ampelschaltung (Grün blinkt zehn Sekunden vor Umschalten auf Gelb) ist ein Relikt aus Sowjetzeiten, bei Gelb niemals mehr fahren!

Die lettischen Fernstraßen sind in gutem Zustand, in der Provinz gehen Nebenstrecken aber häufig in Schotterpisten über. Vielerorts werden die unbefestigten Wege mittlerweile asphaltiert. Details unter: *www.balticroad.net*. Moderne Tankstellen gibt's genügend und bleifreies Benzin überall (Normalbenzin: 95, Super: E 98). *Pannenhilfe*: *Automobilklub LAMB | Tel. 800 00 00 oder 188 (mobil).*

> WAS KOSTET WIE VIEL?

> **BUSFAHRT**	**40 CENT**	für eine Fahrkarte im Stadtbereich
> **BIER**	**1,10 EURO**	für 0,5 l einer heimischen Marke
> **KAFFEE**	**80 CENT**	für eine Tasse im Café
> **FAHRRAD**	**CA. 15 EURO**	Leihgebühr pro Tag
> **BENZIN**	**1,20 EURO**	für einen Liter Super
> **BROT**	**60 CENT**	für ein Roggenbrot

BANKEN & KREDITKARTEN

Alle gängigen Kredit- und EC-Karten werden akzeptiert, größere Banken lösen auch problemlos Reiseschecks ein. Geldautomaten (EC, Master, Visa, Eurocard) finden Sie in jeder Stadt.

DIPLOMATISCHE VERTRETUNGEN

DEUTSCHE BOTSCHAFT

Raiņa bulv. 13 | 1050 Rīga | Tel. 67 08 51 00 | Fax 67 08 51 48 | www.deutschebotschaft-riga.lv

ÖSTERREICHISCHE BOTSCHAFT

Elizabetes 21 a-11 | 1010 Rīga | Tel. 67 21 61 25 | Fax 67 21 44 01 | austrian.embassy@mailbox.riga.lv

SCHWEIZERISCHES KONSULAT

Elizabetes 2 | 1340 Rīga | Tel. 67 33 83 51 | Fax 67 33 83 54 | vertretung@rig.rep.admin.ch

EINREISE

Seit 2008 gilt in Lettland das Schengener Abkommen. Wer aus einem anderen Schengen-Staat einreist, wird im Normalfall nicht mehr kontrolliert. Sie sollten dennoch immer einen gültigen Personalausweis oder Reisepass dabei haben.

GESUNDHEIT

In Lettland gilt die Europäische Krankenversicherungskarte. Man muss die Behandlung in Lettland zunächst bezahlen, die Krankenkasse erstattet zu Hause den Betrag. Das gilt aber nicht für alle Leistungen. Ratsam ist daher eine Auslandsreisekrankenversicherung.

In den meisten öffentlichen Einrichtungen gilt inzwischen ein Rauchverbot. Auch in vielen Gaststätten ist Rauchen tabu.

INTERNET

Es gibt eine Vielzahl gut gemachter Websites über Lettland. Touristische Informationen: *www.rigatourism.*

com | *www.openlatvia.lv*. Zu einzelnen Regionen: *www.kurzeme.lv* | *www.vidzeme.lv*. Empfehlenswert außerdem: *www.riga800.lv* (informative Hauptstadtseite) | *www.latviaphotos.com* (riesige Fotogalerie, Museums- und andere Tipps) | *www.traveller.lv* (Urlaub auf dem Land) | *www.muzejs.lv* (Lettlands Museen im Überblick) | *www.allhotels.lv* (Hotels und viele Restaurants) | *www.webcamera.lv* | *www.viewlatvia.com* (Liveblicke) | *www.ratgeber-lettland.de* (nützliche Suchmaschine) | *www.hostellinglatvia.com* (Jugendherbergsverband) | *www.ezi.lv* (Ökotourismus)

INTERNETCAFÉS

Das WLAN-Netz in Lettland wird immer dichter. In Rīga, in allen größeren Städten und in den Touristenzentren an der Küste haben die meisten Hotels Hotspots für den drahtlosen Internetzugang, viele bieten diesen Service für ihre Gäste sogar kostenlos an. Aktuelle Infos zum WLAN-Netz in Lettland: *www.wivi.lv*

Internetcafés gibt es im gesamten Land, selbst in kleineren Städten – dort oftmals in der Bibliothek. Besonders viele Internetcafés findet man in Rīga, viele sind durchgehend geöffnet. Die Computerstunde kostet im Schnitt etwa 1,50 Euro.

Internetcafés in Rīga: *Dualnet* | *Pekdu 17*; *Internet Klubs* | *Kalku 10* | *Delat Baznicas 4 a*

MIETWAGEN

In Rīga sind alle großen internationalen Mietwagenfirmen vertreten, die meisten betreiben Filialen am Flughafen. Günstiger sind meist lokale Anbieter *(www.car4rent.lv* | *www.rentacar.times.lv* | *www.easyrent.lv)*.

NOTRUFE

Zentrale Notrufnummer *Tel. 112*

ÖFFENTLICHE VERKEHRSMITTEL

Hauptverkehrsmittel in Lettland ist der Bus. Jeder größere Ort hat einen Busbahnhof. Bei längeren Strecken empfiehlt es sich, die Fahrkarte mit Platzreservierung einige Tage vor der geplanten Fahrt zu ordern. Der Rīgaer Busbahnhof liegt neben dem Bahnhof *(Prāgas 1* | *Tel. 900 00 09* | *tgl. 5–24 Uhr* | *www.autoosta.lv)*. Busse fahren auch im internationalen Verkehr, unter anderem nach Vilnius und Tallinn *(www.eurolines.lv)*.

Der Stadtverkehr in Rīga ist sehr gut ausgebaut. Neben einem Netz aus acht Straßenbahn-, 39 Bus- und 23 Trolleybuslinien sind rund um die Uhr Kleinbusse als Streckentaxis *(maršruta)* unterwegs, die auf Bedarf halten: Fahrpreis (0,2 Ls.) direkt beim Fahrer oder beim *Konduktors* bezahlen. Rīga-Fahrplan für Bus und Tram: *www.ttp.lv*

ÖFFNUNGSZEITEN

Ein Ladenschlussgesetz gibt's in Lettland nicht. Geschäfte sind in der Regel Mo–Fr 10–19, Sa bis 17 Uhr geöffnet, Supermärkte tgl. 8–22, oft gar bis 24 Uhr. Postämter und Banken Mo–Fr 8 (9)–17 Uhr, Wechselstuben tgl. 10–20 Uhr. Gaststätten öffnen in aller Regel tgl., meist um 10 oder 11 Uhr. Feierabend ist in Cafés um 22 Uhr, in Restaurants um 23 Uhr. In Rīga allerdings sind viele Kneipen bis 2 oder 3 Uhr nachts geöffnet.

POST

Postkarten und Briefe nach Westeuropa kosten 20 bzw. 30 Santimi. Das Zentralpostamt *(Latvijas Pasts)* in Rīga liegt nahe dem Freiheitsdenkmal am *Brīvības bulv. 19 | Mo–Fr 7–22, Sa/So 8–20 Uhr*, eine große Filiale am Hauptbahnhof, *Stacijas laukums 1 | Mo–Fr 8–20, Sa 8–18, So 8–16 Uhr | www.pasts.lv.*

PREISE & WÄHRUNG

Die Landeswährung ist der Lats (Ls.), Mehrzahl Lati. 1 Lats = 100 Santimi. Der Lats ist mit einem festen Wechselkurs an den Euro gebunden. Er liegt bei 1 Euro = 0,70 Ls. Banken und Wechselstuben *(Valutas maiņa)* finden Sie in jeder Stadt. Das allgemeine Preisniveau in Lettland liegt deutlich unter dem des Westens. Eine Ausnahme bilden Rīga und Jūrmala. Kultur kostet wenig. Eintrittspreise in Museen liegen um 3 Euro, oft darunter. Selbst für die hochkarätige Nationaloper sind Karten nicht teurer als 15 Euro.

REISEZEIT & WETTER

Die schönste Zeit für eine Lettlandreise liegt zwischen Mai und Oktober. Im Sommer, spürbar vom Festlandklima beeinflusst, kann es heiß werden. Die Ostsee erwärmt sich trotzdem recht spät, erreicht im August in Ufernähe bisweilen über 20 Grad. Legendär und ideal zum Wandern ist der baltische Herbst, wenn die Wälder in allen Farben leuchten. Die Winter sind schneereich und kalt.

RĪGA-CARD

Mit der *Rīga-Card* kann man ordentlich sparen: Sie gewährt freien Eintritt zu den meisten Museen und vielen Sehenswürdigkeiten sowie das kostenlose Benutzen der öffentlichen

WETTER IN RĪGA

	Jan.	Feb.	März	April	Mai	Juni	Juli	Aug.	Sept.	Okt.	Nov.	Dez.
Tagestemperaturen in °C	-2	-2	2	9	16	19	22	21	16	10	4	0
Nachttemperaturen in °C	-8	-8	-5	1	5	9	12	11	8	3	-1	-5
Sonnenschein Std./Tag	1	2	5	7	9	9	9	8	6	3	1	1
Niederschlag Tage/Monat	19	15	12	13	12	13	14	15	16	16	17	18
Wassertemperaturen in °C	1	0	1	2	7	12	16	17	14	10	7	4

Verkehrsmittel. Im Preis enthalten ist auch die aktuelle Nummer des Stadtführers *Rīga In Your Pocket*. Zahlreiche Restaurants, Cafés und Geschäfte geben Rabatt. Die *Rīga-Card* gibt's für einen bis drei Tage (10–18 Euro) in den Touristeninformationen, Reisebüros und vielen Hotels.

SICHERHEIT

Wenn Sie die üblichen Vorsichtsregeln beachten, dann können Sie sich so sicher wie zu Hause fühlen. Das Auto möglichst auf bewachten Parkplätzen abstellen, Autodiebstahl ist in Rīga keine Seltenheit. Keine Wertsachen im Wagen lassen.

TAXI

Lizenzierte Taxis haben spezielle gelbe Nummernschilder, achten Sie außerdem auf das eingestellte Taxameter. Der offizielle Taxitarif beträgt tagsüber 30 Santimi pro Kilometer, von Mitternacht bis 6 Uhr früh 40 Santimi. Seriöse Taxifirmen in Rīga: *Bona-Taxi (Tel. 800 50 50)*, *Rīga-Taxi (Tel. 800 10 10)*, *Taksometrū Parks (Tel. 800 13 13)*.

TELEFON & HANDY

Das lettische Telefonnetz ist gerade digitalisiert worden. Eine Ortsvorwahl gibt es seitdem nicht mehr. Sämtliche Telefonnummern wurden von sieben- auf achtstellig umgestellt. Festnetznummern haben im neuen System als erste Ziffer eine 6, Handynummern (bisher meist mit 6 oder 9 beginnend) eine 2 am Anfang.

Internationale Vorwahl für Gespräche nach Lettland: *00371*. Landesvorwahl aus Lettland nach Deutschland *0049*, nach Österreich *0043*, in die Schweiz *0041*. Englischsprachige Telefonauskunft in Lettland: *1188 (auch www.1188.lv)*

Öffentliche Kartentelefone findet man in Lettland überall. Die nötige *telekarte* gibt's an Kiosken, Tankstellen und bei der Post. Mobilfunk funktioniert problemlos, doch Telefonieren mit dem eigenen Handy ist wegen der Roaming-Gebühren sehr teuer. Günstiger ist es, sich eine lettische Prepaid-Card eines der beiden großen nationalen Netzanbieter *(LMT, Tele2)* zu kaufen, Dann entfallen die Gebühren für eingehende Anrufe. Prepaid-Karten wie die von *GlobalSim (www.globalsim.net)* ersparen alle Roaming-Gebühren und man bekommt seine Nummer schon zu Hause. Immer günstig: SMS. Am teuersten: die Mobilbox. Besser abschalten!

ZEIT

In Lettland gilt die Osteuropäische Zeit, die der MEZ um eine Stunde voraus ist. Die Sommerzeit entspricht der europäischen Regelung.

ZOLL

Innerhalb der EU dürfen Waren des persönlichen Gebrauchs frei ein- und ausgeführt werden dürfen, u. a. bis zu 800 Zigaretten, 10 l Spirituosen und 90 l Wein. Einige EU-Staaten wie Deutschland haben eine Mengenbeschränkung in Höhe von 200 Zigaretten bei der Wiedereinreise aus Lettland bis zum 31. Dezember 2009 eingeführt. Für Schweizer Bürger gelten grundsätzlich geringere Mengen. Für Kunstwerke und Antiquitäten, die älter als 100 Jahre sind, brauchen Sie eine Ausfuhrgenehmigung. Aktuelle Infos: *www.zoll.de*

> VAI TU RUNĀ LATVISKI?

„Sprichst du Lettisch?" Dieser Sprachführer hilft Ihnen, die wichtigsten Wörter und Sätze auf Lettisch zu sagen

Aussprache

ā, ē, ī, ū werden immer lang ausgesprochen
č wie deutsches „tsch"
ķ weich gesprochen, etwa wie „kj"
ļ weich, wie „lj" in Aljoscha
ņ weich gesprochen wie „gn" in Champagner
š wie „sch"
ž stimmhaftes „sch" wie „g" in Garage

AUF EINEN BLICK

Ja/Nein	Jā/Nē
Bitte	Lūdzu
Danke	Paldies
Gern geschehen.	Labprāt
Entschuldigung!	Atvainojiet!
Wie bitte?	Kā lūdzu?
Ich verstehe Sie/dich nicht.	Es jūs/tevi nesaprotu.
Können Sie mir bitte helfen?	Lūdzu, vai jūs man nepalīdzētu?
Guten Morgen!	Labrīt!
Guten Tag!	Labdien!
Guten Abend!	Labvakar!
Hallo! Grüß dich!	Sveici!
Mein Name ist .../	Mani sauc ...
Wie ist Ihr Name?	Kā jūs sauc?
Woher kommen Sie/ kommst du?	No kurienes jūs nākat/ tu nāc?
Ich komme aus ...	Es nāku no ...
... Deutschland.	... Vācijas.
... Österreich.	... Austrijas.
... der Schweiz.	... Šveices.
Auf Wiedersehen!	Uz redzēšanos!
Tschüss!	Visu labu!
Hilfe!	Palīgā!
Rufen Sie bitte ...	Lūdzu, izsauciet ...
... einen Krankenwagen.	... ātro palīdzību.
... die Polizei.	... policiju.

UNTERWEGS

Bitte, wo ist ...	Lūdzu, kur atrodas...
... der Bahnhof?	... autoosta?

SPRACHFÜHRER LETTISCH

… der Flughafen?	… lidosta?
… die Haltestelle?	… pietura?
… der Taxistand?	… taksometru stāvvieta
Bus/Fähre/Zug	autobuss/prāmis/vilciens
Wo kann ich einen Fahrschein kaufen?	Kur es varu nopirkt biļeti?
Können Sie mir bitte sagen, wie ich nach … komme?	Sakiet lūdzu, kā es varu nokļūt …?
Gehen Sie geradeaus.	Ejiet taisni uz priekšu.
Gehen Sie nach links/rechts.	Ejiet pa kreisi/pa labi.
Erste/Zweite Straße links/rechts.	Pirmajā/otrajā ielā pa kreisi/pa labi.
Überqueren Sie …	Šķērsojiet …
… die Brücke.	… tiltu.
… den Platz.	… laukumu.
… die Straße.	… ielu.
Ich möchte … mieten.	Es vēlos nomāt …
… ein Auto …	… auto
… ein Fahrrad …	… divriteni
… ein Boot …	… laivu
offen/geschlossen	atvērts/slēgts
drücken/ziehen	grūst/vilkt
Eingang/Ausgang	ieeja/izeja
Wo sind die Toiletten?	Kur ir tualetes?
Damen/Herren	dāmas/kungi

SEHENSWERTES

Ist das …?	Vai tā ir …?
Wann ist das Museum geöffnet?	Kad muzejs ir atvērts?
Wann beginnt die Führung?	Cikos sāksies gides vadītā apskate?
Altstadt	vecpilsēta
Ausstellung	izstāde
Besichtigung	apskate
Denkmal	piemineklis
Gottesdienst	dievkalpojums
Kirche	baznīca
Naturschutzgebiet	dabas aizsardzības zona
Palast	pils
Rathaus	rātsnams, dome

Stadtplan	pilsētas plāns
Stadtrundfahrt	ekskursijas pa pilsētu
Stadtzentrum	pilsētas centrs
Theater	teatr

DATUMS- & ZEITANGABEN

Montag	pirmdiena
Dienstag	otrdiena
Mittwoch	trešdiena
Donnerstag	ceturtdiena
Freitag	piekdiena
Samstag	sestdiena
Sonntag	svētdiena
heute/morgen	šosdien/rītdien
gestern	vakar
täglich	katru dienu
Wie viel Uhr ist es?	Cik ir pulkstens?
Es ist 3 Uhr.	Pulkstens ir trīs.
Es ist halb 3.	Pulkstens ir pus trīs.
Es ist Viertel vor 3.	Pulkstens ir piecpadsmit pirms trijiem.
Es ist Viertel nach 3.	Pulkstens ir piecpadsmit pēc trijiem.

ESSEN & TRINKEN

Ist dieser Tisch/Platz noch frei?	Vai šis galds ir brīvs? Vai šī vieta it brīva?
Die Speisekarte, bitte.	Lūdzu, ēdinkarti!
Ich nehme …	Es vēlos …
Bitte ein Glas …	Lūdzu atnesiet glāzi …
Besteck	naži, dakšas, karotes
Messer/Gabel/Löffel	nažis/dakša/karote
Vorspeise	uzkoda
Hauptgericht	siltie ēdieni
Nachspeise	saldais ēdiens
Salz/Pfeffer	sāls/pipari
Scharf	ass
Ich bin Vegetarier/in.	Esmu vegetārietis/vegetāriete.
Auf Ihr Wohl!	Uz jūsu veselību!
Trinkgeld	dzeramnauda
Die Rechnung, bitte.	Rēķinu, lūdzu!

EINKAUFEN

Wo finde ich …	Sakiet, lūdzu, kur atrodas …
… eine Apotheke?	… apticka?

… eine Bäckerei?	… maizes veikals?
… ein Kaufhaus?	… universālveikals?
… ein Lebensmittelgeschäft?	… pārtikas veikals?
… einen Markt?	… tirgus?
Haben Sie …?	Vai jums ir …?
Ich möchte …	Es vēlētos …
Ein Stück hiervon, bitte.	Lūdzu gabalu no šī.
Eine Einkaufstüte, bitte.	Maisiņu, lūdzu.
Das gefällt mir (nicht).	Tas mani apmierina (neder).
Wie viel kostet es?	Cik tas maksā?
Nehmen Sie Kreditkarten?	Vai varu maksāt ar kreditkarti?

ÜBERNACHTEN

Ich habe bei Ihnen ein Zimmer reserviert.	Esmu pie jums rezervējis istabu.
Haben Sie noch Zimmer frei?	Vai jums ir brīvs numurs?
ein Einzelzimmer	numurs vienvietīgs
ein Doppelzimmer	numurs divvietīgs
mit Dusche/Bad	ar dusu/vannu?
Was kostet das Zimmer?	Cik numurs maksā?
Frühstück	brokastis
Halbpension/Vollpension	puspansija/pilna pansija

PRAKTISCHE INFORMATIONEN

Können Sie mir einen Arzt empfehlen?	Vai jūs man variet ieteikt kādu labu ārstu?
Ich habe hier Schmerzen.	Man sāp te.
Ich habe Durchfall.	Man ir caureja.
Kinderarzt	bērnu ārsts
Zahnarzt	zobārsts
Eine Briefmarke, bitte.	Viena pastmarka, lūdzu.
Postkarte	atklātnc
Wo ist bitte …	Sakiet lūdzu kur ir …
… die nächste Bank?	… tuvākā banka?
… der nächste Geldautomat?	… tuvākais bankomāts?

ZAHLEN

1	viens
2	divi
3	trIs
4	ccetri
5	pieci
6	seši
7	septiņi
8	astoņi
9	deviņi
10	desmit
50	piecdesmit
100	simt
200	divsimt
500	piecsimt

> Die Seiteneinteilung für den Reiseatlas finden Sie auf dem hinteren Umschlag dieses Reiseführers.

REISEATLAS LETTLAND

A
B
C
1
2
3
4
5
6
20 km
BALTIJAS JŪRA
Irbenivāin
Västervik
Kiel, Lübeck
Rostock, Karlshamn
Slīteres nacionālais parks
Saunags
Pitrags
Mazirbe
Sīkrags
Lielirbe
Mikeltornis
Lūžņa
Ovišrags
Oviši
Līvõd rānda
Trumpji
Mūņi
Dundaga
Puiškalni
Kurbe
Ance
Vēde
Liepene
Circeņi
Staldzene
Stārkrasts
Bušnieku ezers
Ventspils
Pope
Blāzma
Ģibzde
Amele
Ciruļi
Pūņas
Sasmakas ezers
Dampeļi
Targale
Kamārce
Vanagi
Vārve
Lēči
Puzes ezers
Stende
Ugāle
Iliņi
Talsi
Piltene
Usma
Spāre
Pastende
Ģibuļi
Dižstende
Užava
Šilmalas
Ziras
Muči
Sārnate
Laidzesciems
Zlēkas
Cirkale
Amjūdze
Ezeri
Mordangas ezers
Jaunpagas
Stende
Renda
Abava
Lēpicas
Vanka
Nabas ezers
Ozoli
Padure
Riežupe
Pedvāle
Vīšļi
Matkule
Jūrkalne
Buri
Ēdole
Alsunga
Kuldīga
Priedaine
Ventas rumba
Kabile
Vēdzele
Vāne
Pāvilosta
Ulmale
Riva
Birži
Novadnieki
Austrumkursas augstiene
Vārme
Abeles
Ošenieki
Jaunlutriņi
Liels
Akmensrags
Saka
Durbe
Tebra
Apriķi
Turlava
Vilgales ezers
Ranķi
Gaiķi
Ziemupe
Kiķuri
Cildi
Cīrava
Laidi
Lutriņi
Marijas
Aizpute
Kazdanga
Pakuļu ezers
Vērgale
Saraiķi
Valtaiķi
Skrunda
Zirņi
Druva
Saldus
Rāva
Vecpils
Durbes ezers
Tosmares ezers
Tašu ezers
Kalvene
Rudbārži
Jaunāmuiža
Ciecere
Tāši
Durbe
Dzelzgale
Dzelda
Pauļi
Grobiņa
Liepāja
Krote
Zaņa
Pampāļi
Tadaiķi
Bunka
Embūte
Vecķeļi
Kursīši
Dubeni
Liepājas ezers
Vārtaja
Priekule
Nīgrande
Vaiņode
Ezere
Venta
Bernāti
Rude
Krūte
Kalēti
Pikeliai
Bārta
Šerkšnė
Bārta
Streliškiai
Nīca
Plostagals
Aizyiķi
Sartė
Židikai
Mažeikiai
Jūrmalciems
Jēčukrogs
Narvydžiai
Ukrinai
Žemalė
Kūpu kalns
Aleksandrija
Ylakiai
Pašilė
Varduva
Tirkšliai
Užlieknė
Vieksniai
Paklu
Skuodas
Luoba
Raudonai
Lenkimai
Daukšiai
Mosėdis
Rucava
Papes ezers
Pape
Barstyčiai
Seda
Plinkšės
Šatės
Žemaitijos nacionalinis parkas
Senoji Įpiltis
Grūšlaukė
Salantai
Orvydų sodyba
Žemaičių Kalvarija
Nevarėnai
LIETUVA
A10
E22
A9
A11
A13
P106
P107
P108
P111
P112
P113
P114
P116
P117
P119
P120
P121
P123
P124
P125
P131
P105
163
164
169
170
161
194
218

D
E
F
Kuressaare
Ruhnu
Ruhnu saar
Rīgas līcis
Vidzemes jūrmala
Kuiviži
Salaca
Salacgrīva
A1
Via Baltica
Dzeņi
Tūja
Liepupe
Dunte
Skulte
Zvejniekciems
Saulkrasti
E67
Lilaste
Carnikava
P1
Garciems
Kadaga
Ādaži
Garkalne
Vecāki
Bolderāja
Jaunciems
Baltezers
Ķīšezers
Lielais Baltezers
A2
Etnogrāfiskais brīvdabas muzejs
Roja
Kaltene
Upesgrīva
Mērsrags
Dārte
P127
Vandzene
Krievragciems
Engures ezera dabas parks
P131
Engures ezers
Plavmuiža
Nurmuižas pils
Bērzciems
Dursupe
Engure
Zentene
Cēre
Lamiņi
Bebrupe
Plieņciems
Apšuciems
Kandava
Pūre
Klapkalnciems
P128
Ragaciems
Lapmežciems
Jaunmoku pils
Milzkalne
Slokenbeka
Ķemeru nacionālais parks
Jūrmala
Pumpuri
Tukums
Ķemeri
Smārde
A10
E22
Pinķi
Ulbroka
Sauriesi
Šķirotava
Rīga
Babītes ezers
A9
Jaunmārupe
Baloži
Salaspils
Grenči
Sātī
P121
Irlava
Skapji
Slampe
Spirgus
P98
Ķalķis
Tīreļi
Kalnciems
Olaine
A5
Ķekava
Saulkal
P104
Viesata
Džūkste
P99
Pienava
Pēternieki
Misa
P89
Baldon
Jaunpils
Pienava
Jaunbērze
E77
Livbērze
Ozolnieki
Jelgava
A8
Biksti
Annenieki
Kakenieki
Blīdene
Zebres ezers
Āne
Garoza
A7
Dobele
Dorupe
P97
Zebrene
Svēte
P93
Iecava
P94
Staļģene
P103
Krimūnas
Vircava
Ile
Sesava
Lielauces ezers
P95
Āboliņi
Lielauce
Zaļenieki
Platone
Raiņi
Bēne
P96
Kalnamuiža
Tērvete
Code
P84
Meža ainavu parks
Oglaine
Vairogi
Mežotne
Auce
Vītiņi
Vilce
P103
Bauska
P87
Eleja
Pilsrundāle
Cērpaine
Augstkalne
Vēlaičiai
Drąsutaičiai
Ukri
Žagarė
Skaistgirys
Linkaičiai
209
Bērzi
Adžūni
Naujoji Akmenė
Daunorava
Kriukai
Užvara
A10
Kiemenai
Gaižaičiai
Dameliai
153
Bariūnai
Skakai
Žeimelis
Lauksodis
Kruopiai
Jurdaičiai
Jauneikiai
Joniškis
209
Saločiai
Žadeikonia
Barvydžiai
Mėdginai
Vaškai
Papilė
Šakyna
Kinkiai
Piktuižiai
Gataučiai
Rudiškiai
A12
Gasčiūnai
Pašvitinys
Ūdekai
Degėsiai
Tetirvi
155
Binėnai
Guostagalis
Šiupyliai
Gruzdžiai
Jauniūnai
154
Pamūšis
Triškoniai
Linkuva
Meškuičiai
Narteikiai
Pasvalys
U V A

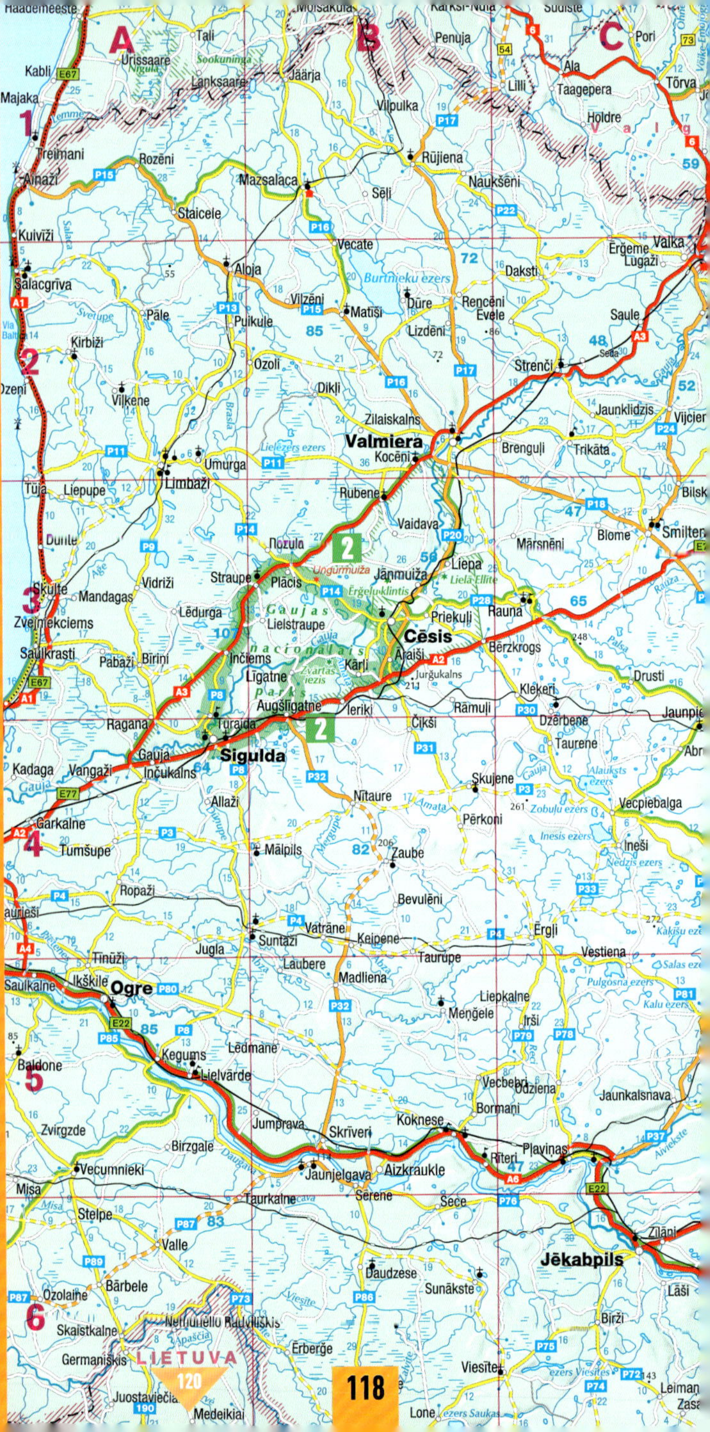
A
B
C
1
2
3
4
5
6
Haademeeste
Kabli
Majaka
Treimani
Ainaži
Tali
Urissaare
Lanksaare
Sookuninga
Jäärja
Penuja
Vilpulka
Rūjiena
Mazsalaca
Sēļi
Naukšēni
Ala
Taagepera
Lilli
Holdre
Pori
Tõrva
Rozēni
Staicele
Kuivīži
Salacgrīva
Aloja
Vecate
Burtnieku ezers
Vilzēni
Matīši
Dūre
Rencēni
Ēvele
Dakšti
Ērģeme
Valka
Lugaži
Saule
Pāle
Puikule
Lizdēni
Kirbiži
Vilķene
Ozoli
Dikļi
Strenči
Seda
Zilaiskalns
Jaunklidzis
Vijciem
Valmiera
Kocēni
Limbaži
Umurga
Lielezers ezers
Brenguļi
Trikāta
Tūja
Liepupe
Rubene
Vaidava
Blome
Smiltene
Dunte
Nozula
Mārsnēni
Skulte
Mandagas
Vidriži
Straupe
Plācis
Ungurmuiža
Jānmuiža
Liepa
Ērģeļu klintis
Lielā Ellīte
Zvejniekciems
Lēdurga
Gaujas nacionālais parks
Lielstraupe
Priekuļi
Rauna
Cēsis
Saulkrasti
Pabaži
Bīriņi
Inčiems
Līgatne
Zvārtas iezis
Kārļi
Araiši
Bērzkrogs
Drusti
Jurģukalns
Augšlīgatne
Ieriki
Rāmuļi
Kleķeri
Dzērbene
Jaunpie
Ragana
Turaida
Sigulda
Čiekste
Taurene
Kadaga
Vangaži
Gauja
Inčukalns
Skujene
Alauksts ezers
Allaži
Nītaure
Amata
Zobuļu ezers
Vecpiebalga
Garkalne
Tumšupe
Mālpils
Zaube
Pērkoni
Inesis ezers
Ineši
Nedzis ezers
Ropaži
Bevulēni
Vatrāne
Suntaži
Ķeipene
Taurupe
Ērgļi
Jugla
Tinūži
Laubere
Madliena
Vestiena
Salas ezers
Pulgosna ezers
Kalu ezers
Saulkalne
Ikšķile
Ogre
Liepkalne
Meņģele
Irši
Baldone
Ķegums
Lēdmane
Lielvārde
Vecbebri
Odziena
Jaunkalsnava
Bormaņi
Zvirgzde
Jumprava
Skrīveri
Koknese
Birzgale
Daugava
Pļaviņas
Riteri
Vecumnieki
Jaunjelgava
Aizkraukle
Misa
Taurkalne
Serene
Sece
Stelpe
Valle
Zīlāni
Jēkabpils
Bārbele
Daudzese
Sunākste
Ozolaine
Lāši
Skaistkalne
Nemunėlio Radviliškis
Apašcia
Biržī
Viesīte
Germaniškis
LIETUVA
Ērberģe
Viesīte ezers
Juostaviečiai
Medeikiai
Lone
Saukas ezers
Leiman
Zasa
120
190
E67
E77
E22
A1
A2
A3
A4
A6
P15
P16
P17
P22
P13
P11
P9
P14
P8
P20
P18
P24
P28
P30
P31
P32
P3
P4
P33
P80
P85
P32
P79
P78
P81
P37
P76
P87
P89
P73
P86
P75
P72
P74
54
73
6
59
72
85
48
52
47
65
56
107
64
82
83

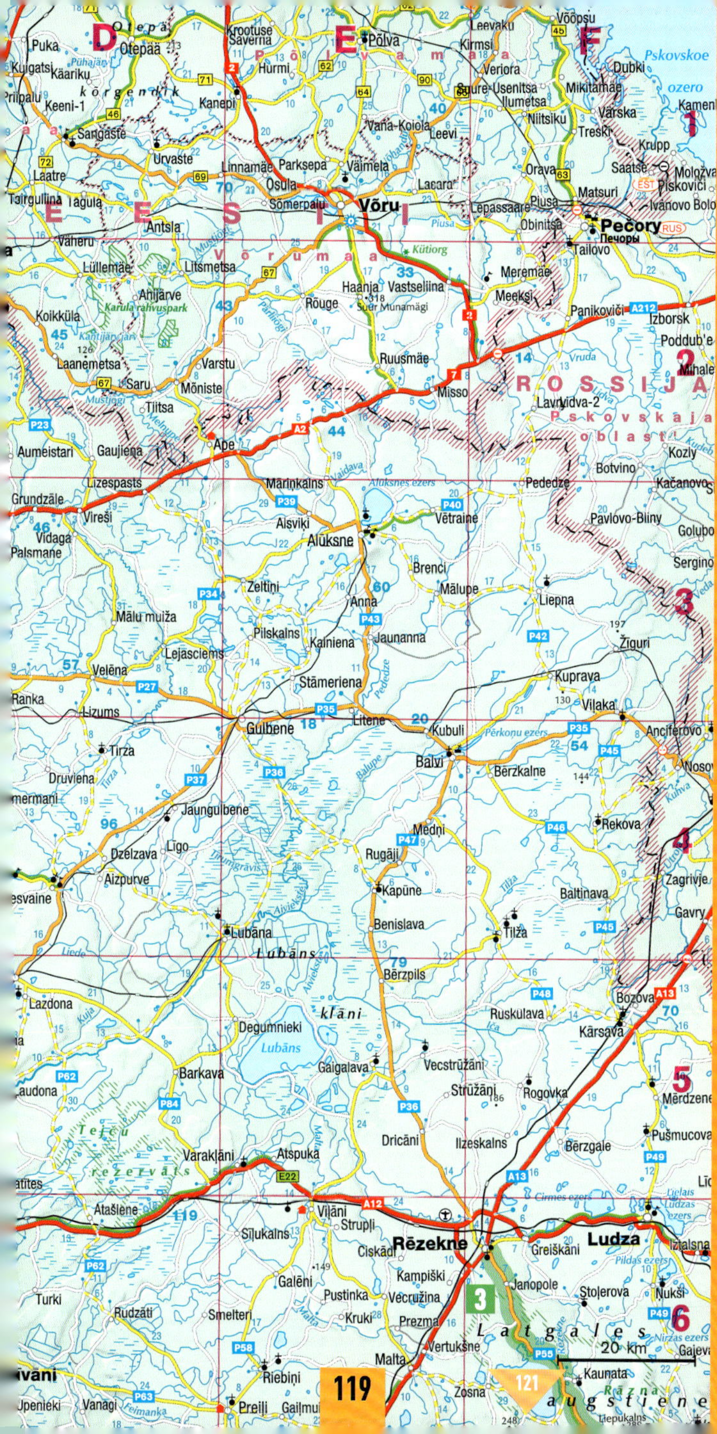
Otepää
Puka
Kuigatsi
Kääriku
Keeni-1
Sangaste
Urvaste
Laatre
Tõrgulinna
Tagula
EESTI
Antsla
Vaheru
Lüllemäe
Ahijärve
Karula rahvuspark
Koikküla
Laanemetsa
Saru
Tiitsa
Varstu
Mõniste
Krootuse
Saverna
Hurmi
Kanepi
Põlva
Põlvamaa
Linnamäe
Parksepa
Osula
Somerpalu
Väimela
Võru
Võrumaa
Kütiorg
Haanja
Vastseliina
Rõuge
Suur Munamägi
318
Ruusmäe
Misso
Leevaku
Kirmsi
Veriora
Suure-Usenitsa
Ilumetsa
Vana-Koiola
Leevi
Lasva
Lepassaare
Piusa
Obinitsa
Meremäe
Meeksi
Võõpsu
Mikitamäe
Värska
Treski
Krupp
Saatse
Matsuri
Orava
Niitsiku
Pskovskoe ozero
Kamenka
Dubki
Molozva
Piskoviči
Ivanovo Bolo
Pečory
Печоры
Tailovo
Panikoviči
Izborsk
Poddub'e
Mihale
ROSSIJA
Pskovskaja oblast'
Lavrividva-2
Kozly
Botvino
Pededze
Kačanovo
Pavlovo-Bliny
Golubo
Sergino
Aumeistari
Gaujiena
Ape
Lizespasts
Grundzāle
Vireši
Vidaga
Palsmane
Mārinkalns
Aluksnes ezers
Vētraine
Alsviķi
Alūksne
Brenci
Mālupe
Liepna
Zeltiņi
Anna
Mālu muiža
Pilskalns
Kalniena
Jaunanna
Lejasciems
Velēna
Stāmeriena
Ziguri
Kuprava
Viļaka
Ranka
Lizums
Gulbene
Litene
Kubuli
Pērkoņu ezers
Balvi
Bērzkalne
Anciferovo
Nosovo
Tirza
Druviena
Jaungulbene
Dzelzava
Līgo
Aizpurve
Medņi
Rugāji
Kapūne
Rekova
Zagrivje
Baltinava
Gavry
Benislava
Tilža
Lubāna
Lubāns
Bērzpils
Lazdona
Degumnieki
Lubāns klāni
Ruskulava
Bozova
Kārsava
Gaigalava
Vecstrūžāni
Strūžāni
Rogovka
Mērdzene
Barkava
Laudona
Teiču rezervāts
Dricāni
Ilzeskalns
Pušmucova
Bērzgale
Varakļāni
Atspuka
Atašiene
Viļāni
Sīļukalns
Strupli
Cirmes ezers
Rēzekne
Ciskādi
Greiškāni
Ludza
Istalsna
Pildas ezers
Galēni
Kampiški
Pustinka
Vecružina
Janopole
Stolerova
Nukši
Turki
Rudzāti
Smelteri
Kruki
Prezma
Latgales augstiene
Vertukšne
Nirzas ezers
Gajeva
Malta
Kaunata
Rāzna
Riebiņi
Zosna
Vanagi
Preiļi
Gailmuiža
Liepukalns
20 km
121

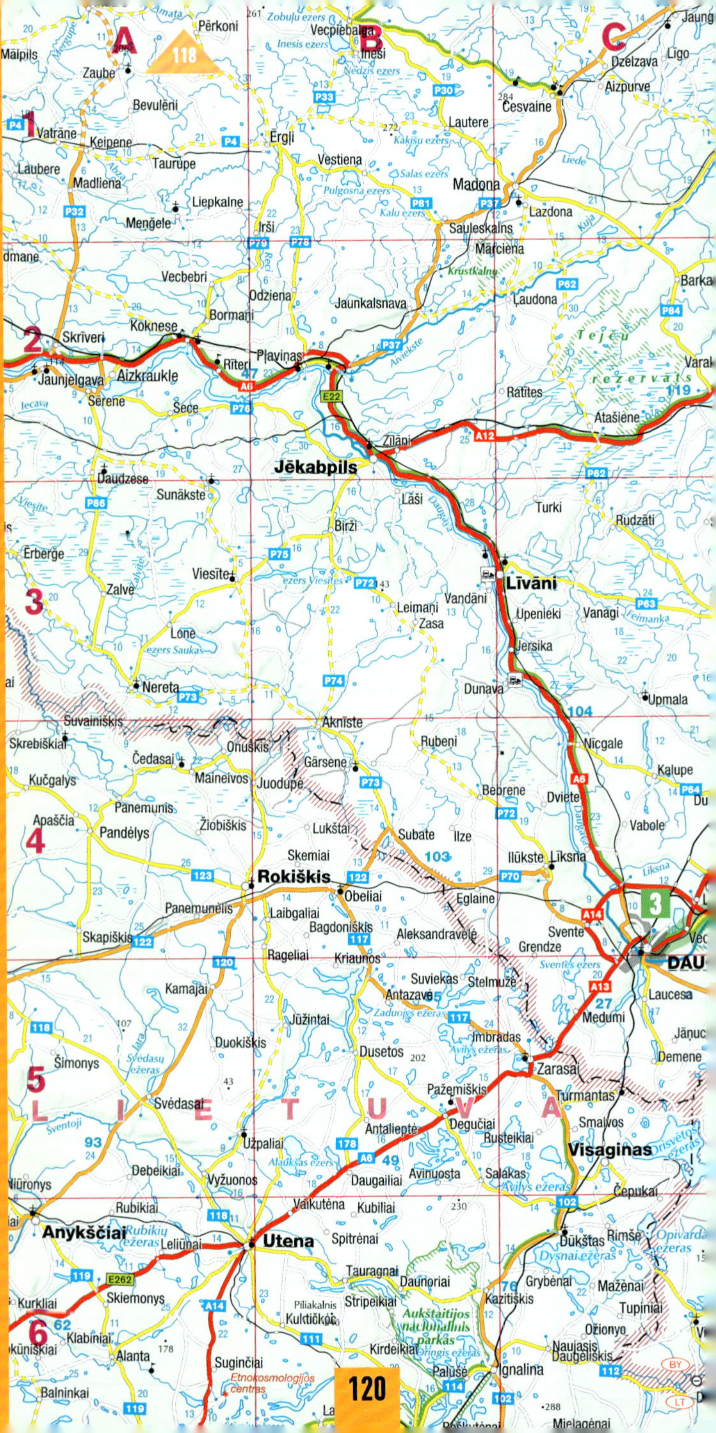

118
A
B
C
Pērkoni
Vecpiebalga
Jaungulbene
Mālpils
Zaube
Inesi
Dzelzava
Līgo
Aizpurve
Cesvaine
Bevulēni
Lautere
Vatrāne
Keipene
Ērgļi
Taurupe
Vestiena
Laubere
Madliena
Madona
Lazdona
Liepkalne
Meņģele
Irši
Sauleskalns
Mārciena
Vecbebri
Odziena
Barkava
Bormaņi
Jaunkalsnava
Ļaudona
Koknese
Skrīveri
Pļaviņas
Rīteri
Jaunjelgava
Aizkraukle
Sērene
Sece
Ratītes
Varakļāni
Atašiene
Zīlāni
Jēkabpils
Daudzese
Sunākste
Lāši
Turki
Rudzāti
Birži
Ērberģe
Viesīte
Zalve
Līvāni
Vandāni
Leimaņi
Zasa
Upenieki
Vanagi
Lone
Jersika
Nereta
Dunava
Upmala
Suvainiškis
Akmīste
Skrebiškiai
Onuškis
Rubeni
Nīcgale
Čedasai
Gārsene
Kalupe
Kučgalys
Maineivos
Juodupė
Bebrene
Dviete
Apaščia
Panemunis
Pandėlys
Žiobiškis
Lukštai
Subate
Ilze
Vabole
Skemiai
Ilūkste
Līksna
Rokiškis
Obeliai
Eglaine
Panemunėlis
Laibgaliai
Bagdoniškis
Aleksandravėlė
Svente
Skapiškis
Grendze
Rageliai
Kriaunos
DAUGAVPILS
Suviekas
Stelmužė
Kamajai
Antazavė
Laucesa
Jūžintai
Medumi
Duokiškis
Imbradas
Dusetos
Demene
Šimonys
Zarasai
Pažemiškis
Turmantas
Svėdasai
LIETUVA
Smalvos
Antaliepte
Degučiai
Rusteikiai
Užpaliai
Visaginas
Niūronys
Debeikiai
Vyžuonos
Daugailiai
Avinuosta
Salakas
Čepukai
Vaikutėna
Kubiliai
Rubikiai
Anykščiai
Utena
Spitrėnai
Dūkštas
Rimšė
Leliūnai
Tauragnai
Daunoriai
Grybėnai
Mažėnai
Kurkliai
Skiemonys
Stripeikiai
Kazitiškis
Tupiniai
Klabiniai
Kuktiškės
Aukštaitijos nacionalinis parkas
Ožionys
Alanta
Kirdeikiai
Naujasis Daugėliškis
Sugintai
Etnokosmologijos centras
Palūšė
Ignalina
Balninkai
120
Mielagėnai
BY
LT

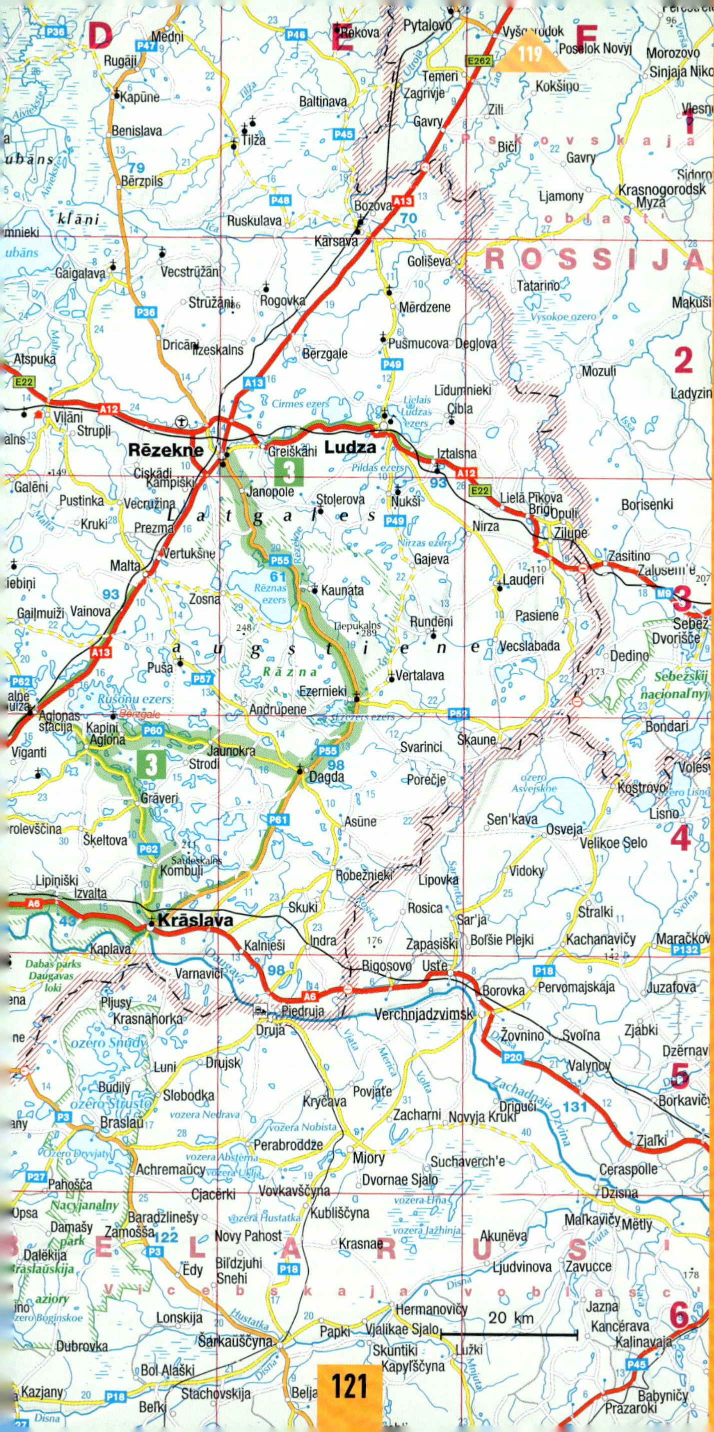
D
E
F
119
Medņi
Rugāji
Kapūne
Benislava
Bērzpils
Rekova
Pytalovo
Vyšgorodok
Posëlok Novyj
Morozovo
Sinjaja Niko
Temeri
Zagrivje
Kokšino
Baltinava
Tilža
Gavry
Zili
Bičl
Gavry
Vlesno
Pskovskaja oblast'
Ljamony
Krasnogorodsk
Myza
Sidoro
Ruskulava
Bozova
Kārsava
Goliševa
ROSSIJA
Tatarino
Vysokoe ozero
Makuši
Gaigalava
Vecstrūžāni
Strūžāni
Rogovka
Mērdzene
Pušmucova
Deglova
Dricāni
Ilzeskalns
Bērzgale
Mozuli
Atspuka
Līdumnieki
Cibla
Ladyzin
Cirmes ezers
Lielais Ludzas ezers
Viļāni
Strupļi
Rēzekne
Greiškāni
Ludza
Iztalsna
Ciskādi
Kampiški
Janopole
Pildas ezers
Galēni
Pustinka
Vecružina
Stoļerova
Nukši
Lielā Pikova
Brigi
Opuli
Borisenki
Kruki
Prezma
Latgales augstiene
Nirza
Zilupe
Vertukšne
Nirzas ezers
Gajeva
Zasitino
Zalosem'e
Malta
Rēznas ezers
Kaunata
Lauderi
Sebež
Dvorišče
Gailmuiži
Vainova
Zosna
Lipeekalns
Runděni
Pasiene
Vecslabada
Dedino
Puša
Rāzna
Vertalava
Sebežskij nacional'nyj
Rušonu ezers
Ezernieki
Andrupene
Aglonas stacija
Kapini
Aglona
Bērzgale
Ežezers ezers
Bondari
Viganti
Jaunokra
Strodi
Svarinci
Skaune
Dagda
Porečje
ozero Asvejskoe
Volesy
Kostrovo
ozero Lisno
Lisno
Graveri
Asūne
Sen'kava
Osveja
Velikoe Selo
Šķeltova
Sauleskalns
Kombuļi
Robežnieki
Lipovka
Vidoky
Lipiniški
Izvalta
Skuki
Rosica
Stralki
Krāslava
Sar'ja
Kaplava
Kalnieši
Indra
Zapasiški
Bol'šie Plejki
Kachanavičy
Maračkov
Dabas parks Daugavas loki
Varnaviči
Daugava
Bigosovo
Ūste
Borovka
Pervomajskaja
Juzafova
Pljusy
Krasnahorka
Piedruja
Druja
Verchnjadzvimsk
Žovnino
Svolna
Zjabki
Džernav
ozero Snudy
Luni
Drujsk
Valyncy
Budily
Slobodka
Kryčava
Povjaťe
Zacharni
Novyja Kruki
Driguci
Zachodnaja Dzvina
Borkavičy
ozero Strusto
Braslaŭ
vozera Nedrava
vozera Nobista
Perabroddze
Ozero Dryvjaty
Achremaŭcy
vozera Abstėrna
vozera Ukļa
Miory
Suchaverch'e
Zjaľki
Ceraspolle
Pahošča
Cjacerki
Vovkavščyna
Dvornae Sjalo
Dzisna
Opsa
Nacyjanalny park
Baradzlinešy
vozera Hustatka
Kubliščyna
vozera Elna
Maľkavičy
Mětly
Damašy
Zamošša
Novy Pahost
vozera Jažhinja
Akunëva
BELARUS'
Dalěkija
Braslaŭskija aziory
Ėdy
Biľdzjuhi
Snehi
Krasnae
Ljudvinova
Zavucce
Vicebskaja voblasc'
ozero Boginskoe
Lonskija
Hustatka
Hermanovičy
20 km
Jazna
Kancérava
Kalinavaja
Dubrovka
Šarkaŭščyna
Papki
Vjalikae Sjalo
Skuntiki
Lužki
Kapyl'ščyna
Bol Alaški
Disna
Kazjany
Stachovskija
Belja
Beľki
Babyničy
Prazaroki
E262
E22
A12
A13
A6
M9
P36
P47
P46
P45
P48
P49
P55
P57
P60
P61
P62
P52
P18
P20
P3
P27
P132
P45
1
2
3
4
5
6

KARTENLEGENDE

- 18 26 — Autobahn mit Anschlussstellen / Motorway with junctions
- Autobahn in Bau / Motorway under construction
- Mautstelle / Toll station
- Raststätte mit Übernachtung / Roadside restaurant and hotel
- Raststätte / Roadside restaurant
- Tankstelle / Filling-station
- Autobahnähnliche Schnellstraße mit Anschlussstelle / Dual carriage-way with motorway characteristics with junction
- Fernverkehrsstraße / Trunk road
- Durchgangsstraße / Thoroughfare
- Wichtige Hauptstraße / Important main road
- Hauptstraße / Main road
- Nebenstraße / Secondary road
- Eisenbahn / Railway
- Autozug-Terminal / Car-loading terminal
- Zahnradbahn / Mountain railway
- Kabinenschwebebahn / Aerial cableway
- Eisenbahnfähre / Railway ferry
- Autofähre / Car ferry
- Schifffahrtslinie / Shipping route
- Landschaftlich besonders schöne Strecke / Route with beautiful scenery
- Alleenstr. — Touristenstraße / Tourist route
- XI-V — Wintersperre / Closure in winter
- Straße für Kfz gesperrt / Road closed to motor traffic
- 8% — Bedeutende Steigungen / Important gradients
- Für Wohnwagen nicht empfehlenswert / Not recommended for caravans
- Für Wohnwagen gesperrt / Closed for caravans

- *Wartenstein* / *Umbalfälle* — Sehenswert: Kultur - Natur / Of interest: culture - nature
- Badestrand / Bathing beach
- Besonders schöner Ausblick / Important panoramic view
- Ausflüge & Touren / Excursions & tours
- Nationalpark, Naturpark / National park, nature park
- Sperrgebiet / Prohibited area
- Kirche / Church
- Kloster / Monastery
- Schloss, Burg / Palace, castle
- Moschee / Mosque
- Ruinen / Ruins
- Leuchtturm / Lighthouse
- Turm / Tower
- Höhle / Cave
- Ausgrabungsstätte / Archaeological excavation
- Jugendherberge / Youth hostel
- Allein stehendes Hotel / Isolated hotel
- Berghütte / Refuge
- Campingplatz / Camping site
- Flughafen / Airport
- Regionalflughafen / Regional airport
- Flugplatz / Airfield
- Staatsgrenze / National boundary
- Verwaltungsgrenze / Administrative boundary
- Grenzkontrollstelle / Check-point
- Grenzkontrollstelle mit Beschränkung / Check-point with restrictions
- **PARIS** — Hauptstadt / Capital
- **MARSEILLE** — Verwaltungssitz / Seat of the administration

REGISTER

In diesem Register sind alle in diesem Reiseführer erwähnten Orte und Ausflugsziele sowie wichtige Persönlichkeiten und Sachbegriffe verzeichnet. Halbfette Seitenzahlen verweisen auf den Haupteintrag, kursive auf ein Foto.

> SCHREIBEN SIE UNS!

Liebe Leserin, lieber Leser,

wir setzen alles daran, Ihnen möglichst aktuelle Informationen mit auf die Reise zu geben. Dennoch schleichen sich manchmal Fehler ein – trotz gründlicher Recherche unserer Autoren/innen. Sie haben sicherlich Verständnis, dass der Verlag dafür keine Haftung übernehmen kann.

Wir freuen uns aber, wenn Sie uns schreiben.

Senden Sie Ihre Post an die
MARCO POLO Redaktion,
MAIRDUMONT, Postfach 31 51,
73751 Ostfildern,
info@marcopolo.de

IMPRESSUM

Titelbild: Rīga, Domplatz, Tanzgruppe (Laif: Babovic)
Fotos: Aerodium (95 M. r.); Albert Hotel: Valts Kleins (95 u. r.); Art Gallery "PUTTI": Algars Altenbergs (15 o.); R. Freyer (8/9, 27, 29, 30/31, 35, 53, 62, 63, 70, 78/79, 88/89, 114/115); R. Hackenberg (3 M., 20, 40, 42, 56, 58, 74, 80, 83, 84, 91, 93); HB Verlag: Hirth (96/97); Huber: Mehlig (6/7); ©iStockphoto.com: James Antrim (94 o. l.), Joe Ciaramella (13 o.), Kelly Cline (94 u. r.), Jorge Delgado (14 M.), korhan hasim isik (14 o.), Aleksejs Jevsejenko (94 M. r.), Murat Koc (95 M. l.), Vladimirs Koskins (94 M. l. u.), elena moiseeva (14 u.), Roman Ponomarets (94 M. l. o.); E. Kahl (11, 28, 28/29); Mathias Knoll: Rolf Nägeli (95 o. l.); Kukšu muiža: Gvido Kajons (15 u.); Laif: Babovic (1); National Film Centre of Latvia (13 u.); C. Nowak (2 r., 4 l., 5, 22/23, 51, 55, 75, 87); T. Plath (127); S. Randebrock (26); T. Stankiewicz (32, 39); Iveta Stirna (12 o.); Transit-Archiv: Hirth (U. l., U. M., U. r., 2 l., 3 l., 3 r., 4 r., 16/17, 18, 22, 23, 24/25, 37, 45, 46/47, 48, 60/61, 65, 66, 68/69, 72, 76, 99, 100/101, 103); www.andrejsala.lv: Kristine Vizule (12 u.)

2., aktualisierte Auflage 2008

Verlegerin: Stephanie Mair-Huydts; Chefredaktion: Michaela Lienemann, Marion Zorn;
Autor: Thoralf Plath; Redaktion: Christina Sothmann
Programmbetreuung: Cornelia Bernhart, Jens Bey; Bildredaktion: Gabriele Forst
Szene/24h: wunder media, München
Kartografie Reiseatlas: © MAIRDUMONT, Ostfildern
Innengestaltung: Zum goldenen Hirschen, Hamburg; Titel/S. 1–3: Factor Product, München
Sprachführer: in Zusammenarbeit mit Ernst Klett Sprachen GmbH, Stuttgart, Redaktion PONS Wörterbücher

Printed in Germany. Gedruckt auf 100% chlorfrei gebleichtem Papier